Kein Blatt vorm Mund, aber Dreck am Stecken

Hans-Gert Braun

Kein Blatt vorm Mund
aber
Dreck am Stecken

*Ausgewählte Redewendungen
und ihre kuriose Herkunft*

Bibliografische Information der Deutschen Nationalbibliothek:
Die Deutsche Nationalbibliothek verzeichnet diese Publikation in der
Deutschen Nationalbibliografie; detaillierte Daten sind im Internet
über
http://dnb.d-nb.de abrufbar.

© 2., leicht geänderte Auflage 2008 Hans-Gert Braun
Satz, Umschlagdesign, Herstellung und Verlag:
Books on Demand GmbH, Norderstedt
ISBN: 978-3-8334-5490-5

Inhalt

Vorwort   7

1. Frühere Lebensweisen und alte Bräuche   11

2. Sozialstruktur   27
   Adel   27
   Kirche und Mönchtum   31
   Jagdwesen– Schützenwesen   34
   Studentische Burschenschaften –
   Verbindungswesen   41
   Gauner und fahrendes Volk   43
   Sozialstruktur als solche   46

3. Geschichte und geschichtliche Begebenheiten   49

4. Staat   56
   Verwaltung   56
   Recht – Gerichtswesen   58
   Militär   68
   Münzwesen   77

5. Dichtung, Literatur und Bibel   79
   Dichtung – Literatur   79
   Bibel   86

6. Kunst   93
   Musik   93
   Malerei   93
   Theater   94
   Schauspiel – Schwänke   96

7.	Philosophie, Wissenschaften und Technik	98
	Philosophie	98
	Wissenschaft	98
	Biologie – Natur	100
	Medizin – Anatomie	104
	Technik	108
8.	Wirtschaft und Arbeit	111
	Handel	111
	Handwerk	114
	Landwirtschaft	126
	Seefahrt	133
9.	Sport und Spiele	136
	Sport	136
	Spiele	139
10.	Volksmund und Volksglaube	143
11.	Übersetzungen von Redewendungen und Übernahmen aus fremden Sprachen	149
	Latein	149
	Sonstige Sprachen	152
	Thesaurus der erwähnten sprachwissenschaftlichen Begriffe	156
	Literaturverzeichnis	157
	Register	159
	Endnoten	172

Vorwort

Dieses kleine Buch befasst sich mit Redewendungen – und das in einer Weise, wie es Sprachwissenschaftler meist nicht tun. Aber was sind überhaupt Redewendungen? Einige Beispiele mögen helfen: »Die Kuh vom Eis holen«, »etwas auf dem Kerbholz haben«, »Lunte riechen«, »jemanden über den Löffel barbieren«; dies sind alltägliche Redewendungen und mit solchen befasst sich dieses Büchlein.

Redewendungen sind also Wortkombinationen; sie bestehen aus mehreren Wörtern. Das Besondere an ihnen ist, dass ihre Bedeutung in der Regel nicht aus der Bedeutung der einzelnen Wörter der Wortgruppe abgeleitet werden kann. Redewendungen sind also »nicht wörtlich« zu verstehen, was ihre Handhabung oft erschwert – vor allem für Übersetzer und Ausländer.

Wenn Sprachwissenschaftler sich mit Redewendungen befassen, dann bemühen sie sich in der Regel darum, deren heutige Bedeutung herauszuarbeiten und Hilfestellung bei ihrer richtigen Anwendung zu geben. Eine solche Intention hat dieses Buch nicht. Sein Anliegen ist vielmehr die ursprüngliche Bedeutung einer Redewendung. Dabei wird davon ausgegangen, dass diese nicht immer von der wörtlichen Bedeutung ihrer Wörter und der Wortkombination abgewichen ist – ja, dass diese wörtliche Bedeutung in ihrem ursprünglichen Umfeld sogar einen so treffenden Sinn machte, dass man begann, den darin enthaltenen abstrakten Kerngedanken auf andere Lebensbereiche zu übertragen. An der eventuell »blumigen« Formulierung der ursprünglichen Verwendung hielt man dabei fest. So sagt man heute gerne noch, dass jemand »das Kind mit dem Bade ausschüttet«, um auszudrücken, dass jemand bei der Lösung eines Problems etwas drastisch vorgeht.

Der Herkunftsbereich vieler Redewendungen ist klar; aber ebenso gibt es zahlreiche, bei denen dies nicht der Fall ist. Man kennt dann vielleicht ihre heutige Bedeutung (z. B. von »der hat Dreck am Stecken«), nicht aber ihre Herkunft. Der Zweck dieses Buches ist es, dieses unbekannte oder wenig bekannte ursprüngliche Milieu bekannter Redewendungen aufzudecken.

Diese Ausrichtung auf die Herkunft von Redewendungen hat die Struktur des Büchleins geprägt; es ist nach Herkunftsbereichen geordnet. So weit wie möglich wurden inhaltliche oder chronologische Zusammenhänge zwischen Redewendungen hergestellt, so dass viele im Rahmen kleiner Geschichten vorgestellt werden. Der Verfasser hofft, dass dies den Lesern das Verständnis um die Herkunft der Redewendungen erleichtert.

Das kleine Buch erhebt keinen Anspruch auf Vollständigkeit. Die präsentierten etwa 400 Redewendungen wurden nach dem geringen Bekanntheitsgrad ihrer Herkunft und nach dem Unterhaltungswert ausgewählt. Der Verfasser erhebt auch keinen wissenschaftlichen Anspruch mit dem Büchlein. Natürlich musste er umfangreiche Anleihen bei etablierten Werken über Redewendungen machen, die im Detail nicht alle aufgeführt werden konnten. Was die Herkunft der Redewendungen betrifft, so seien aber ausdrücklich folgende Werke als wichtige Quellen genannt (zu Details vgl. Literaturverzeichnis):

– Duden Band 11. Redewendungen
– Alexander Osten, Das große Buch der Redewendungen
– Kurt Krüger-Lorenzen, Deutsche Redensarten

Was die Bedeutung der Redewendungen betrifft, so stützt sich der Verfasser auf das Standardwerk über Redewendungen, den »Duden Band 11. Redewendungen«.

Die Bedeutung der Redewendungen wurde zur Hervorhebung im Text jeweils in Anführungszeichen gesetzt.

Hinsichtlich seiner Struktur folgt dieses kleine Buch aber auch der Struktur des Büchleins »Wenn die Wörter wandern«, in dem der Verfasser die kuriosen Wege von Fremdwörtern in die deutsche Sprache aufgezeichnet hat.

Auch bei diesem Buch durfte und musste ich wieder die Hilfe einiger guter Freunde in Anspruch nehmen. Sehr herzlich danke ich für kritisches Lesen des Manuskripts und wichtige Anregungen Tiburt Fritz (Mittelberg/

Kleinwalsertal), Rena Sutor (München), Tina Weber (Bonn) und – wie immer – meiner Ehefrau Beate.

Ich hoffe, dass die meisten Leserinnen und Leser auch dieses Büchlein unterhaltsam finden und wünsche deshalb »viel Spaß beim Lesen«!

Hans-Gert Braun
Köln im Juni 2006

1. Frühere Lebensweisen und alte Bräuche

Viele Redewendungen, die man heute verwendet und die wörtlich keinen Sinn mehr ergeben, haben ihren Ursprung in den Lebensumständen und Bräuchen früherer Jahrhunderte, insbesondere des 17. bis 19. Jahrhunderts. Das war die Zeit ohne Elektrizität und ohne sonstige moderne Technologien – und folglich ohne Kühlschrank, ohne Auto, ohne Fernsehen etc. Man kann sich kaum vorstellen, dass Johann Wolfgang von Goethe, der Dichterfürst und Infrastruktur-Minister in Sachsen-Weimar, keinen Füllfederhalter hatte, keinen Computer und kein Telefon – aber es war so. Und wenn man sich in die Zeit Goethes und in seine Lebensweise hineinzuversetzen versucht, dann werden viele Redewendungen auch für uns wieder verständlich. Versuchen wir' s!

Wollte man damals zum Beispiel jemanden besuchen, so musste man eine Kutsche nehmen oder zu Fuß gehen. Da die Wege meist holprig waren, ging man mit Stock, und da sie nicht gepflastert, geschweige denn geteert waren, wurde das Schuhwerk strapaziert – und bei schlechtem Wetter waren Gamaschen nötig, um die Hosen zu schützen. Die schmutzigen Schuhe wurden gewechselt, wenn man das Ziel seines Besuches erreicht hatte. Hatte man dann auch noch seinen Mantel und die Gamaschen abgelegt, so erinnerte nichts mehr daran, dass man ein Besucher war, der sich durch Wind und Wetter und durch den Schmutz der Wege erst vor kurzem herbemüht hatte – mit einer Ausnahme, der **Dreck am Stecken**. Der »Dreck«, der feuchte Schmutz »am Stecken«, gab die Information, die einem der Anblick des Besuchers nicht gab. Kein Wunder, dass die derb-plastische Formulierung dann eiligst als Metapher in andere Lebensbereiche übertragen wurde – allerdings mit der Einschränkung auf Personen, die etwas Unredliches, vielleicht sogar etwas Kriminelles zu verbergen haben.

Bleiben wir bei dem Besucher und stellen wir uns vor, dass er sich nach Kaffee und Kuchen irgendwann wieder auf den Weg machen will. Da er in einem Sessel oder auf einem Sofa gesessen hat, vielleicht sogar mit einem Kissen im Rücken, hat er nach dem Aufstehen einige Federchen auf seinem Anzug, was darauf zurückzuführen ist, dass Sessel, Sofa und auch Kissen mit Daunen gepolstert waren. Während seine Gastgeber sich nun – als Geste guter Gastfreundschaft – bemühen, die kleinen Federn zu entfernen, sagt seinerseits der Gast – Bescheidenheit andeutend –, man möge **nicht viel Federlesens machen**, »nicht viel Umstände machen«.

All seine abgelegten Kleider zieht er nun wieder an, vergisst auch seinen Stecken nicht; er verabschiedet sich an der Haustür, vielleicht von mehreren Personen. Es ist ein wenig eng und die Beleuchtung ist schlecht, denn es gibt ja kein elektrisches Licht. Aber trotz dieser Enge steht da ein Gefäß, ein Napf mit Stiefelfett, damit man sich bei Regenwetter vor dem Verlassen des Hauses noch rasch die Stiefel fetten kann, um sie so wasserdicht zu machen.

Und, schwupp, ist unser Gast genau darin gelandet: Er hat **ins Fettnäpfchen getreten.** Wir drücken damit heute aus, dass jemand »größeres Missfallen erregt« hat.

Nehmen wir an, dass es der Besucher dann doch geschafft hat, das Haus seines Gastgebers – ohne weitere Vorkommnisse – zu verlassen. Er dreht sich noch einmal um, winkt seinen Gastgebern, einer angesehenen Handwerkerfamilie, noch einmal zu und schenkt auch noch einmal dem für jedermann sichtbar über der Tür angebrachten Zunftzeichen einen letzten Blick. Ein solches Zeichen konnte z. B. eine Brezel, eine Schere oder Hammer und Zange sein; der betreffende Handwerker war dann **seines Zeichens,** das heißt »von Beruf«, Bäcker oder Schneider oder Schmied.

Einige Redewendungen gehen darauf zurück, dass es – mangels Kühl- und Gefrierschränken – sehr schwierig war, Lebensmittel frisch zu halten. Sehr verbreitet war das »Einmachen« von Obst und Gemüse. Wer genug Eingemachtes hatte, konnte den ganzen Winter davon leben. Umgekehrt, wer anderen davon abgeben musste, der **ging ans Eingemachte** und das heißt, der ging an seine »eisernen, seine nicht vermehrbaren Reserven«.

Eine wichtige Form der Haltbarmachung von Fleisch war das Pökeln, wobei das Fleisch in Salz gelegt wird. Dieses Pökeln wurde auf dem Lande zuweilen gemeinschaftlich betrieben. Man gab jemandem ein Stück Fleisch, wenn dieser ein Pökelfass anlegte. Da das Fleisch dort meist lange lag, konnte es für eine Weile in Vergessenheit geraten. Aber irgendwann musste es der Betreffende dann wieder abholen. Er musste dem, der das Pökelfass angelegt hatte, noch einen Besuch machen. Wenn man heute von jemandem sagt, **der hat bei mir noch etwas im Salz liegen**, dann bedeutet das, »ich werde den Betreffenden in absehbarer Zeit ohnehin sehen, denn er muss mir aus einem bestimmten Grunde einen Besuch machen – und bei der Gelegenheit kann ich dann ein offenes Wort mit ihm reden«.

Die Versorgung mit Wurst und frischem Fleisch war früher auf dem Lande gut organisiert. Wenn ein Bauer ein Schwein schlachtete, dann gab er einer Reihe von Nachbarn je eine Portion Wurst und Fleisch ab. Und wenn dann einige Wochen später der betreffende Nachbar schlachtete, dann erhielt ersterer die gleiche Menge an Wurst und Fleisch wieder zurück. Daher die Redewendung **Wurst wider Wurst** – »wie du mir, so ich dir«. Allerdings, die Redewendung hat heute einen negativen Anstrich: »So wie du mir geschadet hast, so schade ich nun dir.« Das kooperative Prinzip der Bauernfamilien reichte beim Wurstmachen aber noch weiter. Wenn der erste Bauer im Frühwinter in einem Dorf schlachtete, dann konnte er keine Wurst machen, weil er keine sauberen Därme hatte, in die er die Wurstmasse hätte füllen können. Aber er reinigte die Därme seines geschlachteten Schweines und wässerte sie zwei, drei Wochen lang, bis der nächste Bauer schlachtete. Diesem gab er dann die gereinigten Därme und dieser machte dann Würste damit, von denen der erste Bauer etwas abbekam. Natürlich wiederholte sich die Prozedur den ganzen Winter über, und ein Bauer reichte die gereinigten Därme jeweils an den nächsten weiter.

Zu den weniger angenehmen Seiten früheren Lebens gehörte die Körperpflege. Weder gab es WCs noch Badezimmer. Eine wichtige Institution war folglich das gemeinsame Bad am Samstagabend, wobei die Gemeinsamkeit darin bestand, dass die ganze Familie – und anschließend das Personal – dasselbe Badewasser nacheinander benutzte. Der letzte hatte dabei die unangenehmste Rolle: Er musste nicht nur dass vermutlich schmutzige und längst kalte Badewasser benutzen, sondern anschließend auch noch die Badewanne reinigen, er **musste ausbaden**. Man verwendet die Redewendung »etwas ausbaden müssen« heute in dem Sinne, dass jemand »die Folgen von etwas tragen muss, das überwiegend ein anderer verschuldet hat«.

Wenn zum Zeitpunkt des Ausbadens sich noch ein Kind in der Badewanne befand, das diese vielleicht auch noch längst nicht verlassen wollte, dann musste eventuell **das Kind mit dem Bade ausgeschüttet** werden, was ebenfalls zur Redewendung wurde. Dies fand vermutlich nicht ohne größeres Kindergeschrei statt, und so hat die Redewendung heute auch die Farbtönung von »radikalem, übereiltem Handeln«.

Eine Folge fehlender Badezimmer war sicherlich auch, dass die morgendliche Wäsche für Kinder recht unbequem war und gelegentlich nur als Katzenwäsche stattfand, weshalb es vermutlich regelmäßig zu kleineren

Auseinandersetzungen mit der Mutter kam. Mit dieser Standardsituation befasst sich ein bekannter Witz: Ein Sohn, der der Aufforderung seiner Mutter, sich gründlich zu waschen, murrend gefolgt war, schimpfte eines Tages höchst vorwurfsvoll mit den Worten: **Da stehe ich nun mit meinem gewaschenen Hals.** Was war geschehen? Der hohe Besuch, der sich angekündigt hatte und dessentwegen die Mutter ihren Sohn aufgefordert hatte, sich den Hals zu waschen, war nicht erschienen. Und so ging der Sohn mit seinem vorwurfsvollen Seufzer in diese Sammlung der Redewendungen ein.

Schauen wir uns das Ehe- und Familienleben – als Quelle unterhaltsamer Redewendungen – an. Auch schon auf dem Weg zur Ehe war der Volksmund dichterisch tätig: Wenn ein Bursche um ein Mädchen warb, gab es fast nur eine Möglichkeit, sie abends einmal alleine zu sehen; er musste in ihr Schlafzimmer. Wie aber ins Schlafzimmer kommen? Natürlich gab es Leitern; aber eine Leiter am Schlafzimmer eines heiratsfähigen Mädchens, das war sehr auffällig und nicht unbedingt im Interesse eines unbescholtenen Mädchens. Viel besser war ein Korb, den der Bursche selbst mit Seil und Flaschenzug nach oben ziehen und der dann mitsamt dem Burschen im Schlafzimmer verschwinden konnte. Dieser ländliche Brauch ermöglichte aber auch unfreundliche Varianten. Wollte ein Mädchen einen begriffsstutzigen Bewerber ablehnen, so manipulierte es den Korb, so dass der Boden herausbrach, wenn der liebeshungrige Freier sich anschickte, den Korb nach oben zu ziehen. Oder das Mädchen schickte einen viel zu kleinen Korb, in den der Freier nicht hineinpasste. Das waren die verhöhnten Möglichkeiten, sich **einen Korb zu holen**. Die heutige Redewendung kommt dem sehr nahe, man drückt nämlich damit aus, dass jemand »eine negative Antwort auf seinen Heiratsantrag bekommt oder auf seine Aufforderung zum Tanz«.

Irgendwann, notfalls mit Hilfe eines Kupplers oder einer Kupplerin, wurde ein Mädchen dann »verheiratet«, **unter die Haube gebracht**. Diese Redewendung hat ihren Ursprung darin, dass die Haube als Kopfbedeckung der verheirateten Frauen Teil ihrer traditionellen Tracht war – im Gegensatz zu unverheirateten Mädchen, die ihr Haar offen trugen.

Eine verheiratete Frau hatte es auch früher zuweilen nicht leicht mit ihrem Mann. Kam dieser erst spät in der Nacht – wer weiß woher – nach Hause und ins eheliche Bett, so musste er oft eine **Gardinenpredigt** über sich ergehen lassen. Der Name dieser »Strafpredigt« rührt daher, dass das eheliche Bett früher, als kleine Kinder noch im elterlichen Schlafzimmer schliefen, von einer »Gardine« umgeben war.

Aber auch sonst kam es natürlich vor, dass »die Ehefrau in einem Haus das Kommando übernahm«, der Ehemann **unter den Pantoffel kam**; die Pantoffeln gelten dabei als das besondere Attribut der Frau. Die Redewendung geht aber wohl auch auf einen traditionellen Hochzeitsbrauch zurück, wonach die Frischvermählten versuchen mussten, sich gegenseitig auf die Füße zu treten. Wer den anderen auf diese Weise als erstes unter den Pantoffel brachte, dem sagte man voraus, dass er das Sagen in der Ehe haben werde. Im Grimm'schen Deutschen Wörterbuch heißt es hierzu: »Der Tritt auf Fuß oder Schuh war Symbol der Besitzergreifung und der übernommenen Herrschaft.«[1]

Einem Mann, der zu sehr unter den Pantoffel kam und so seine Stellung als Familienoberhaupt praktisch einbüßte, wurde nach altem Brauch von seinen Nachbarn das Dach abgedeckt, um ihn bloßzustellen. Die Nachbarn **stiegen ihm aufs Dach.** Die Redewendung wird heute allerdings mehr im Sinne von »jemanden in seine Schranken verweisen« benutzt.

In früheren Zeiten – vor Einführung moderner Verhütungsmittel – waren uneheliche Kinder an der Tagesordnung. Dazu trug auch das Personal, über das jeder größere Haushalt verfügte, häufig bei. Wenn also eine Familie z. B. einen Ausflug ins Grüne machte, dann reiste sie nicht nur mit Personal, sondern auch **mit Kind und Kegel,** die Kegel waren die »unehelichen Kinder«.

Natürlich wurde das Personal nicht immer gut behandelt; manche Herrschaften gingen insbesondere mit ihren Dienstmädchen ruppig um. In diesem Milieu hat die Redewendung **jemanden zur Minna machen** ihren Ursprung. Sie besagt nämlich, dass man »jemanden so maßregelt, wie man es sonst nur mit der sprichwörtlichen Minna, dem Dienstmädchen, macht«.

Da man früher als Großfamilie zusammen lebte, drei oder gar vier Generationen unter einem Dach, stellte sich regelmäßig die Frage, wer das Familienoberhaupt war. Irgendwann kam nämlich der Zeitpunkt, da ein Vater als Familienoberhaupt zurücktrat und dieses Amt auf seinen Sohn übertrug. Er **zog sich aufs Altenteil zurück** – und das bedeutete, dass er zwar »sein Vermögen auf seinen Nachfolger als Herr des Hauses übertrug, bestimmte Rechte, insbesondere Vermögensteile jedoch zurückbehielt« – z. B. eine Wohnung, einen Garten, eine Kutsche mit Pferd etc.; das war sein Altenteil.

Wenn es ans Sterben ging, dann war es üblich, dass der Betreffende auf seinem Sterbebett die »zeitlichen, das heißt die irdischen Dinge, die er zurückließ, noch einmal segnete«. Daher die Redewendung **das Zeitliche segnen**. Heute drückt man damit euphemistisch aus, dass »jemand stirbt«.

Trat der Tod ein, so war es mittelalterliche Vorstellung, dass der Teufel sogleich zur Stelle war und dem Verblichenen – auf Pergament – sein Sündenregister vorhielt. Pergament wurde im Mittelalter üblicherweise aus Schafs- und Kalbshäuten gefertigt. Bei einem großen Sünder musste der Teufel dann ausnahmsweise Kuhhaut nehmen. Was dann die Formulierung **das geht auf keine Kuhhaut** besagen sollte, versteht sich wohl von selbst.

Bei manchen Redewendungen ist der Ursprung nicht eindeutig. Das gilt zum Beispiel für **auf den Hund gekommen**; es bedeutet »völlig heruntergekommen«, sogar

»verkommen«. Bezüglich der Herkunft konkurrieren diverse Deutungen. Eine erste wird der Welt der Fuhrwerke früherer Tage zugeschrieben, als unterschieden wurde zwischen Pferde-, Esel- und Hundefuhrwerk. Ohne Frage war das Hundefuhrwerk das mit dem geringsten sozialen Ansehen; im Vergleich zu seinen Kollegen mit größerem Antrieb war der Hundefuhrwerkunternehmer offensichtlich »auf den Hund gekommen«. – Plausibel klingt die zweite Deutung, die darauf zurückgeht, dass früher größere Geldvermögen in Truhen aufbewahrt wurden. Auf dem Boden solcher Truhen wurden Hunde zur Abschreckung von Dieben abgebildet – zur Erinnerung wohl an den bissigen »Schatzwächterhund« der Volkssage. Wenn jemand das in der Truhe aufbewahrte Geld aufgebraucht hatte, war er im wörtlichen Sinne auf den Hund gekommen. – Aber es gibt noch eine dritte Erklärung. Im Kohlebergbau hieß der Förderwagen »Hund«. Die Arbeit am Förderwagen war geringer bezahlt als die Arbeit vor Ort an der Kohle. Wenn also jemand am Hund arbeiten musste, so war er »auf den Hund gekommen«. – Einleuchtend ist aber auch eine vierte Deutung: Nicht selten sieht man ältere Personen, die sich nur noch mit ihrem Hund befassen, weil die Menschen sie zu sehr enttäuscht haben. Auch sie sind »auf den Hund gekommen«.

Heulen wie ein Schlosshund: Diese Redewendung geht darauf zurück, dass Hunde früher zur Bewachung von Anwesen eingesetzt wurden, auch auf Schlössern. Und da die Schlösser häufig auf einer Anhöhe standen, war das lang gezogene Heulen der dortigen Wachhunde weithin hörbar. Eine andere Deutung führt die Redewendung auf den Verschluss (»Schloss«) zurück, durch den das Halsband eines Kettenhundes mit der Kette verbunden wird. Der Schlosshund wäre dann ein »Kettenhund«.

In Ermangelung von Radio, Fernsehen und Zeitung konzentrierte sich die offizielle Information früher auf die ausgerufenen Mitteilungen eines Gemeindedieners, der mit einer Schelle sein Kommen ankündigte. Drohende Gefahren, wie der Ausbruch eines Feuers oder Kriegsgefahr und andere bedeutende Nachrichten wurden dagegen mit der Kirchenglocke, der großen Glocke angekündigt. Die Redewendung **etwas an die große Glocke hängen** bedeutet heute, dass »etwas höchst Privates wie ein großes Ereignis – unerwünscht – aller Öffentlichkeit bekannt gemacht wird«.

Wurde die große Glocke – außer der Reihe – geläutet, so wusste man, dass etwas passiert war, aber man wusste nicht was. Auf diese Situation nimmt die Redewendung **er hat etwas läuten gehört** Bezug, mit der man ausdrückt, dass jemand »von etwas gehört hat, ohne Genaues zu wissen«.

Etwas übers Knie brechen bedeutet, dass »etwas übereilt entschieden oder erledigt wird«. Die Redewendung geht auf die traditionelle Praxis beim Zerkleinern von Holz zurück. Während dickes Holz gesägt wird und die Stücke dann mit dem Beil gespalten werden, wird dünneres Holz zerkleinert, indem man es »über das Knie bricht«. Das geht schnell, aber das so gewonnene Kleinholz ist natürlich unterschiedlich lang, die Bruchstellen sind nicht glatt. All dies schwingt mit, wenn jemand die davon abgeleitete Redewendung benutzt.

Noch heute werden, vor allem in Südeuropa, Singvögel gefangen, um sie zu verspeisen. Die Zeit des Vogelfluges ist dabei die Zeit der Jagd. Auch in Mitteleuropa war das früher üblich. Eine dabei angewandte Technik waren Leimruten, die ausgelegt wurden. Streute man Körner oder anderes Vogelfutter darauf, so **gingen die Vögel auf den Leim**. Die Vögel fielen auf die List des Fallenstellers herein. Und genau das ist gemeint, wenn die Redewendung heute verwandt wird: »Jemand wird Opfer einer List.« Nebenbei, ein Vogel, der auf den Leim ging, der wurde damit zum »Pechvogel«.

Im Mittelalter waren die Kenntnisse über Geisteskrankheiten sehr rudimentär. In Ermangelung seriöser Theorie sprang aber Volkes Meinung ein und es verbreitete sich der Glaube, eine Geistesgestörtheit sei die Folge davon, dass jemand einen Vogel im Kopf hat. Noch heute sagt man genau deshalb, **jemand habe einen Vogel**. Und entsprechend bedeutet der Fingerzeig an den Kopf, dass man **jemandem den Vogel zeigt**, dass man ihn für verrückt hält.

Eine andere Unsitte Mitmenschen gegenüber bestand darin, dass man **jemandem etwas hustet**. Wir meinen heute damit, dass wir »mit Verachtung jemandem eine Bitte abschlagen«. Die Redewendung verbirgt aber, wie schlimm eigentlich der Affront ist. Gemeint ist nämlich, dass jemand hustet und durch Ausspucken dann jemandem seine ganze Verachtung zeigt.

Von gleicher Derbheit und ebenso euphemistisch verpackt ist die Redewendung **einen Charlottenburger machen.** Sie bedeutet, dass »sich jemand nach Art der Kutscher vor dem Charlottenburger Schloss die Nase schnäuzt« – ohne Taschentuch nämlich.

Bleiben wir in der Welt der Kutschen und der Pferdewagen. Man sagt **jemanden vor seinen Karren spannen** und meint damit »jemanden für seine Interessen missbrauchen« – so als würde man sich ein fremdes Pferd ausleihen, wenn das eigene zu schwach oder nicht verfügbar ist.

Einige weitere Techniken unsozialen Verhaltens: Wir sagen gelegentlich, **der will mir am (oder ans) Zeug flicken,** der »will mich schlecht machen, in Misskredit bringen«. Man muss sich das plastisch vorstellen, um die dahinter stehende Gemeinheit voll zu verstehen. Jemandem mit einem neuwertigen Mantel oder Sakko werden heimlich Flicken aufgenäht, während er das Kleidungsstück abgelegt hat. Zieht er das Kleidungsstück wieder an, so sieht der Betreffende aus, als trüge er geflickte Kleider – als sei er ein armer Mann.

Wir sagen, **der will mir etwas in die Schuhe schieben,** wenn wir ausdrücken wollen, dass »jemand unrichtigerweise behauptet, wir hätten etwas getan, was wir nicht getan haben«. Der Ursprung dieser Redewendung ist, dass es früher in Herbergen – wie heute noch in Jugendherbergen – Schlafsäle gab, in denen mehrere, einander fremde Personen schliefen. War dann ein Dieb darunter, der etwas in der Dunkelheit gestohlen hatte, so konnte dieser im Falle einer Durchsuchung das gestohlene Gut noch rasch in die Schuhe eines anderen schieben und seine Tat vertuschen.

Hier ist auch Gelegenheit, um zu veranschaulichen, was die Redewendung **Zeter und Mordio schreien** bedeutet. Im Falle eines Diebstahls, Einbruchs oder Raubes musste der Betroffene früher das »rechtserhebliche Klagegeschrei« erheben, damit einerseits Hilfe geleistet und andererseits die Tat polizeilich festgestellt werden konnte. Der mittelalterliche Hilferuf für solche Fälle war »Zeter!«, der entsprechende Ruf im Mordfall »Mordio!«. Die heutige Redewendung in der Bedeutung, dass »jemand ein lautes Geschrei anstimmt«, geht also auf den früheren offiziellen Ruf »Zeter und Mordio« zurück.

In Ermangelung moderner Unterhaltungsmöglichkeiten waren in früheren Jahrhunderten Volksfeste und Jahrmärkte deren bescheidener Ersatz. Auch dieses Umfeld war Geburtshelfer ausdrucksstarker Redewendungen: Bei solchen Festivitäten wurden Wettbewerbe ausgetragen, bei denen die Sieger Preise erhielten. Der niedrigste Preis, der Trostpreis, war dabei häufig ein Schwein, eine Sau. Jemand der schlechter abschnitt, dessen Leistung war **unter aller Sau**.

Bei kleineren Wettbewerben waren auch die Siegerpreise bescheidener – sehr häufig eine Wurst. Deshalb ging es in einem solchen Wettbewerb schlicht **um die Wurst** – »war es wichtig, sich voll einzusetzen«.

Auch Schausteller waren bei solchen Ereignissen vertreten. Bekannt waren Schausteller, die einen Bären hielten und vorführten. In Ermangelung zoologischer Gärten war das früher eine Attraktion. Die Bären wurden dann an einem Ring in der Nase herumgeführt; so hatte sie der Tierbändiger voll in der Gewalt. Die heutige Redewendung **jemanden an der Nase herumführen** bezieht sich speziell darauf, dass die Wege, die der Bär dabei ging, für ihn keinerlei Sinn machten. Er musste »sich vorkommen, als würde er in die Irre geführt« – und das genau meint die heutige Redewendung.

Eine weitere Tierquälerei, die früher – mangels einer entsprechenden Tierschutzgesetzgebung – zur Volksbelustigung praktiziert wurde, war das Prellen von Tieren. Dabei wurden Tiere mit einem gespannten Tuch hoch in die Luft geworfen und ebenso wieder aufgefangen. Ein Frosch, der auf diese Weise mehrfach hintereinander geprellt wurde, hatte wahrscheinlich anschließend einen Schock und war total geschwächt. Auf diese völlige Schwäche nimmt die heutige Redewendung **wie ein geprellter Frosch** direkt Bezug. – Angemerkt sei, dass auch das Prellen von Menschen früher praktiziert wurde – im Rahmen mittelalterlicher Bestrafungen.

Drehorgelspieler, aber auch Scherenschleifer waren regelmäßige Anbieter auf Jahrmärkten. Aber vielleicht zweifelten sie selbst ein wenig an ihrer Attraktivität. Jedenfalls traten sie häufig mit einem Affen auf der Drehorgel oder Schulter auf. Um den Affen bei Laune zu halten, bekam dieser zuweilen ein Stück Zucker. **Seinem Affen Zucker geben** bedeutet heute, »dass jemand einer Schwäche, die er hat, frönt«.

Am Rande von Jahrmärkten und Volksfesten wurde natürlich viel getrunken. Wenn das in einer Gruppe geschah, so war es alter Brauch, dass das Glas restlos ausgetrunken wurde. Um dies zu überprüfen, wurde das leere Glas mit der Öffnung über den linken Daumennagel gehalten. Blieb der Nagel trocken bzw. passte die restliche Flüssigkeit auf den Daumennagel, so war die Probe bestanden, andernfalls war es eine Beleidigung des Spenders. Die heutige Redewendung **die Nagelprobe machen** bedeutet dagegen nur noch, dass »auf jemandes Wohl ein Glas getrunken und ausgeleert wird«.

Wenn der edle Spender seine Rechnung bezahlte, natürlich nur mit Münzen, denn Banknoten gab es damals nicht, dann musste er die Münzen auf dem Tisch springen lassen, weil man am Klang erkennen konnte, ob sie auch echt waren. Daher die heutige Redewendung, dass jemand **etwas springen lässt** – »etwas spendiert«.

2. Sozialstruktur

In diesem Kapitel geht es um Redewendungen, die den sozialen Gruppen oberhalb und unterhalb des Bürgertums und Mittelstandes zuzurechnen sind. Die Redewendungen, die Handwerk, Handel und sonstigem Gewerbe sowie der Seefahrt entstammen, werden in Kapitel 8, »Wirtschaft und Arbeit« behandelt.

Adel

Wir beginnen mit dem Adel, der sich stets als höchste soziale Schicht, als Elite, verstanden hat. Deshalb überrascht es nicht, dass sich einige Redewendungen um die Themen Status, Ehre und Rittertum ranken.

Zunächst einmal sei daran erinnert, dass adelig »bekanntlich« diejenigen sind, die **blaues Blut haben.** Diese farbige Redewendung ist eine Übersetzung aus dem Spanischen (sangre azul). Sie geht auf eine Beobachtung der Spanier beim westgotischen Adel zurück. Die Westgoten, die über Polen, den Balkan und dann entlang der Mittelmeerküste nach Westen gezogen waren, hatten sich schließlich im 5. Jahrhundert im heutigen Katalanien (»Gotalanien«/»Gotenland«) angesiedelt. Während das gemeine Volk der Goten dort unter dem Einfluss mediterraner Sonne auch eine gebräunte Hautfarbe annahm, schützte sich der Adel vor der Sonne und behielt seine weiße Hautfarbe, die die Beobachtung erlaubte, dass der

Adel blaue Venen hatte. Da das einfache Volk bei körperlichen Verletzungen rot blutete, schlussfolgerte man, dass der gotische Adel – im Gegensatz zum gemeinen Volk – blaues Blut habe.

Adlige Hierarchien unterscheiden verschiedene Rangstufen, z. B. fürstliche, gräfliche, freiherrliche und sonstige adelige Häuser. Zur Kennzeichnung der jeweiligen Rangstufe bedient man sich u. a. unterschiedlicher Kronen. Dabei standen dem deutschen Hochadel geschlossene Kronen zu, während Grafen, Freiherrn und Ritter bzw. der übrige niedere Adel offene Kronen (Diademe) trugen. Gemäß dem Rang des jeweiligen Adelshauses hatte die Krone eine bestimmte Anzahl von Zinken oder »Zacken«, die seit dem 17. Jahrhundert mit Perlen dekoriert waren: die Adels- oder Ritterkrone hatte 5, die Freiherrnkrone 7, die Grafenkrone 9 Perlzinken oder -zacken. Auf diese Zacken nimmt die Redewendung **da bricht mir kein Zacken aus der Krone** Bezug, denn sie bedeutet »ich vergebe mir nichts«, wenn ich etwas vermeintlich Niederes tue. Man muss sich dabei sehr plastisch vorstellen, was passiert, wenn aus einer Grafen- oder Freiherrnkrone Zacken herausgebrochen werden; es käme einer Degradierung gleich. Die heutige Redewendung kommt diesem Bild somit sehr nahe.[2]

Auch bei der höfischen Tischkultur spielten Rangfragen eine große Rolle. Das galt nicht nur für die Sitzordnung, sondern auch für so banale Dinge wie das Händewaschen. Denn da man mangels Messern und Gabeln in der Regel mit den Händen aß, wusch man sich die Hände vor und nach dem Essen. Dazu wurde den vornehmen Gästen Wasser gereicht – aber nur von Edelknaben; anderen Knaben war dies nicht erlaubt. Diese höfische Regel ist der Ursprung der Redewendung **er kann ihm nicht das Wasser reichen**, »er ist nicht ebenbürtig, nicht gleichrangig«.

Im Mittelalter wurde man Ritter, indem man zum Ritter »geschlagen« wurde; der rituelle Ritterschlag bestand darin, dass der König den Ritter mit seinem Schwert berührte. Sichtbarer Ausdruck der Ritterwürde aber waren auch goldene Sporen, die dem jungen Ritter angeschnallt wurden. Diese musste sich der Ritter zuvor oder im Nachhinein in einer Schlacht oder einem Turnier verdienen. Die heutige Redewendung »er hat sich **seine Sporen verdient**« bedeutet, dass sich »jemand eine Anerkennung oder Beförderung durch Leistung verdient« hat.

Eine weitere Voraussetzung, um Ritter zu werden, war natürlich auch, körperlich unversehrt zu sein, um ein Pferd reiten zu können. Da ein Pferd üblicherweise von der linken Seite bestiegen wird, bedeutete das, dass man einen gesunden linken Fuß haben musste. Ebenso brauchte man als Rechtshänder eine unversehrte rechte Hand, um im Kampf das Schwert führen zu können. Das genau ist der Ursprung der Redewendung **Hand und Fuß haben**. Ursprünglich drückte sie aus, dass ein Ritter unversehrt und voll leistungsfähig war. Die heutige Bedeutung, dass »etwas gut durchdacht« ist, zeigt, welcher Bedeutungswandel stattgefunden hat. – Ein kleiner Exkurs: Das V-Zeichen, von Churchill als Zeichen für »victory« verwandt, ist keineswegs von ihm erfunden worden. Es geht auf ein ähnliches physiologisches Faktum zurück. Einfache Soldaten, Bogenschützen, die aus dem Krieg zurückkehrten, machten – wie später Churchill – dieses Zeichen, um auszudrücken, dass sie als Sieger und damit unversehrt heimkamen. Wären sie nämlich gefangen genommen worden, hätte man ihnen den Zeige- und Mittelfinger der rechten Hand abgehackt, um nicht erneut als Bogenschützen in den Krieg ziehen zu können. Für einfache Soldaten und Offiziere bzw. Ritter gab es also unterschiedliche Kriterien zur Ermittlung der Wehrtüchtigkeit.

Die Redewendung **aus dem Stegreif** nimmt Bezug auf fürstliche oder königliche Kuriere, die ohne vom Pferd, ohne aus den Steigbügeln (»Stegreif«) zu steigen, die Botschaft ihres Herrn verlasen, um dann eilig weiterzureiten. Die heutige Bedeutung dieser Redewendung, »sofort und ohne besondere Vorbereitung« zeigt einen Bedeutungswandel.

Wenn ein Adeliger einen anderen Adeligen im Mittelalter beleidigen oder herausfordern wollte, so warf er ihm einen Fehdehandschuh vor die Füße. Das war die Kampfansage. Hob der andere den Handschuh auf, so war der Kampf angenommen. Die heutige Redewendung **jemandem den Fehdehandschuh hinwerfen** nimmt darauf Bezug und bedeutet unverändert, dass »jemandem der Kampf angesagt wird«.

Wenn nun ein solcher Kampf stattfand, so hatten beide Streitende einen Sekundanten. Diese organisierten nicht nur den Kampf, auch im Kampfe selbst hatten sie eine wichtige Funktion. Wenn nämlich ein Ritter geschlagen war, z. B. am Boden lag, so durfte der Sekundant ihm mit einer Stange zu Hilfe eilen, um z. B. einen tödlichen Schlag des Gegners abzuwehren. Daher die Redewendung **jemandem die Stange halten**, die – auch heute noch – besagt, dass »jemand in Schutz genommen wird«.

Jemanden auf den Schild heben sagt man, wenn jemand »zum Vorsitzenden, zum Führer einer Vereinigung gewählt wird«. Bei den Germanen war es Brauch, einen neuen Stammesführer auf einem Schild herumzutragen, um ihn dem Volke zu präsentieren. Hier ist daran zu erinnern, dass es damals kein Fernsehen und keine Presse gab, die vor und nach einer Wahl Filme und Fotos hätten verbreiten können. Die Präsentation musste schon physisch erfolgen – auf dem Schild.

Kirche und Mönchtum

Aus dem kirchlichen Leben und dem Mönchtum stammen einige spezielle Redewendungen. Die hier präsentierten sind ausnahmslos der katholischen Kirche zuzurechnen und nehmen Bezug auf kirchliche Rituale und Vorschriften zur Lebensweise, insbesondere von Mönchen; sie befassen sich mit dem Fasten, dem Keuschheitsgebot und Ähnlichem.

Wenn »etwas reibungslos verläuft und ohne Stockungen«, dann läuft es **wie am Schnürchen**. Es ist eine Metapher, die auf das Beten des Rosenkranzes Bezug nimmt – das gleiche Bild, das dem Paternoster (Aufzug) seinen Namen eingebracht hat.

Beerdigungen können sehr aufwändig, aber auch sehr bescheiden gestaltet werden. Bei schlichten Begräbnissen kann sogar auf Gesang und Glockengeläut verzichtet werden. Und genau darauf spielt die Redewendung **mit Sang und Klang** an. Im übertragenen Sinne wurde zunächst eine Wendung daraus, die ausdrückte, dass eine Veranstaltung mit Gesang und Musik umrahmt wurde. Bei einer abstrakteren Verwendung erhielt sie aber die Bedeutung »mit beschämender Deutlichkeit« – zum Beispiel wenn jemand »mit Sang und Klang untergeht«.

Die Redewendung **am Hungertuch nagen** hat ihren Ursprung in den kirchlichen Bräuchen während der Passionszeit. In der Fastenzeit wurde vor dem Altar ein Tuch, das Fasten- oder »Hungertuch« aufgehängt, das in manchen Regionen auch den Namen »Kummertuch« oder »Schmachtlappen« hatte. Das Hungertuch, das dem Kirchenvolk den Blick auf den Altar versperrte, war ein Symbol für Buße und Fasten. Die Hungertücher bestanden meist aus Leinen, zuweilen aus Seide, und wurden bestickt, bedruckt oder bemalt. Die Redewendung aber geht darauf zurück, dass diese Tücher zunächst einmal genäht wurden. Aus »am Hungertuch nähen« entstand später »am Hungertuch nagen«, eine Verballhornung, die mit einem Bedeutungswandel verbunden war. Denn die Redewendung bedeutet heute »in ärmlichen Verhältnissen leben«.[3]

Bleiben wir bei den leiblichen Genüssen – zum Beispiel bei Fisch und Fleisch. **Weder Fisch noch Fleisch** sagt man, um die »Unentschlossenheit eines lauen Menschen« zu kommentieren. Die Redewendung geht auf die Zeit der Reformation zurück; mit ihr wurden Zauderer kritisiert, die sich weder zum Katholizismus, für den der Freitag der Fischtag war, noch zum Protestantismus, für den es außer dem Karfreitag keinen Fischtag und kein Fleischverbot gab, bekennen wollten.

Jemandem **die Leviten lesen** sagt man, wenn »jemand wegen eines Fehlverhaltens streng zurechtgewiesen wird«. Diese Redewendung stammt aus dem Mönchswesen, genauer: den Andachts- und Bußübungen der Benediktiner. Dabei wurde häufig aus dem dritten Buch Moses, dem Levitikus, vorgelesen, der zahlreiche Verhaltensmaßregeln (»Leviten«) für Priester enthält. In den anschließenden Predigten wurden die Mönche und Priester nicht selten gerügt und ermahnt, ihr eventuell lasterhaftes Verhalten aufzugeben, so dass die Predigten den Charakter von Strafpredigten hatten. Das Lesen des Levitikus wurde folglich mit Tadeln in Verbindung gebracht.

Ermahnungen und Rügen betrafen nicht selten das Keuschheitsgebot, das die Kirche – über den Zölibat hinaus – ihren Geistlichen, Nonnen und Mönchen auferlegte. Die lateinische Redewendung **in puncto**

puncti nimmt hierauf Bezug, nämlich auf das sechste Gebot – so dass die Redewendung eigentlich »in puncto puncti sexti« heißen müsste.

Beim **advocatus diaboli** handelt es sich um eine im katholischen Kirchenrecht nicht unwichtige Institution. Bei Verfahren der Heilig- und Seligsprechung gibt es nämlich einen solchen »Advokaten des Teufels«, der – nach kritischen Recherchen – all das vorzubringen hat, was gegen eine Heilig- oder Seligsprechung einer bestimmten Person sprechen könnte. Natürlich wird der Begriff seit langem auch im übertragenen Sinne verwandt, dass nämlich »jemand in einer Diskussion die Rolle des Kontrahenten spielt«.

Jagdwesen– Schützenwesen

Das Jagdwesen hat uns zahlreiche Redewendungen beschert, die sich mit der Technik der Waffen, dem Verhalten von Wild und Hunden, vor allem aber mit den Abläufen der Jagd im Detail befassen. Versuchen wir im Folgenden, uns diese Abläufe einer Jagd vorzustellen, um so die Entstehung der betreffenden Redewendungen zu verstehen und einordnen zu können.

Vor Beginn einer Jagd muss der Jagdherr den an einer Jagd teilnehmenden Jägern mitteilen, welches Wild und wie viele Tiere jeder Art überhaupt geschossen werden dürfen. Dazu hat der Jagdbesitzer – in Abstimmung mit der Jagdbehörde – eine Abschussliste aufgestellt; nur

Wild, das auf dieser genehmigten Abschussliste steht, darf geschossen werden. Dieses plastische Bild war leicht auf den Lebensalltag zu übertragen. Wer dort **auf der Abschussliste steht**, »der muss befürchten, aus seiner Position, aus seinem Amt entfernt zu werden«.

Eine wichtige vorbereitende Maßnahme bei einer Jagd ist offenbar auch das **Zielwasser trinken**. Das heißt, die Jagdgesellschaft trinkt vor der Jagd sowie nach Beendigung einer Etappe in aller Regel einen Schnaps. Natürlich hat dies gesellschaftliche Funktion. Aber das Trinken von Alkohol (in geringen Mengen) ist auch eine Art Doping, weil es dazu führt, dass der Schütze ruhiger wird und deshalb besser zielen kann. Selbst bei den Schießwettbewerben auf Olympiaden wurde lange Zeit von dieser Art des Dopings Gebrauch gemacht, bis sie verboten wurde. Im übertragenen Sinne sagt man, dass jemand »offenbar kein Zielwasser getrunken hat«, wenn er – beim Fußball z. B. – nicht trifft.

Die Jagd beginnt, und wenn es eine Treibjagd ist, so beginnt sie damit, dass die Treiber mit Stöcken **auf den Busch klopfen**, um Wild, das sich darin versteckt, herauszutreiben. Im übertragenen Sinne sagt man, dass jemand auf den Busch klopft, wenn er »durch geschickte Fragen und provozierende Andeutungen versucht, jemandem eine Information zu entlocken« – es ist eine Metapher.

Wenn die Treiber beginnen, das Wild im Jagdgebiet aufzuscheuchen und den Jägern zuzutreiben, dann ist es wichtig, dass die Jäger vorbereitet und schussbereit sind. Bei den heutigen Waffen und Patronen sind das wenige Handgriffe. Bei früheren Waffen erforderte dies einige Vorbereitung. Da war z. B. eine Pfanne, in die das Schießpulver eingefüllt werden musste; und nur wer Pulver auf der Pfanne hatte, war schießbereit. Die heutige Redewendung ist eine Metapher, die hiervon abgeleitet wurde: Wer **etwas auf der Pfanne hat**, der ist »vorbereitet, etwas Überraschendes zu tun«.

Nun kam es aber gelegentlich auch vor, dass das Pulver auf der Gewehrpfanne sich entzündete, also abblitzte, ohne dass sich dabei der Schuss löste. Dieser Vorgang wurde zur Grundlage für die Redewendung **jemanden abblitzen lassen**. Die Logik dahinter ist wohl, dass »jemand schroff abgewiesen wird«, ohne dass substantiell etwas passiert.

Während bei »Flinten« (die mit dem 30-jährigen Krieg aus Schweden nach Mitteleuropa gelangten) das Pulver damals mit einem Feuerstein (schwedisch »flint«) gezündet wurde, musste in früheren Zeiten das Pulver mit einer Lunte gezündet werden, das heißt mit Hilfe einer langsam glimmenden Zündschnur. Dazu benutzte man eine in Salpetersäure getränkte Baumwollschnur. Wollte der Schütze einen Schuss abgeben, so drückte er die Glut mit dem Abzugsmechanismus in die mit Pulver gefüllte Pfanne. Dieses Verfahren war nicht nur umständlich, es hatte auch den Nachteil, dass das Wild »Lunte roch«. Das heißt, das Wild hatte gelernt, dass ernste Gefahr droht, wenn es im Walde nach Lunte, nach Salpeter roch. Im übertragenen Sinne bedeutet **er hat Lunte gerochen**, dass »jemand eine Gefahr frühzeitig bemerkt, frühzeitig gewittert« hat.

Auch heute noch muss ein Jäger bei der Jagd sehr auf die Windrichtung achten. Andernfalls läuft er Gefahr, dass sein Körpergeruch dem Wild zugetragen wird, so dass es gewarnt ist und sich entfernen kann. In diesem Fall hat das Wild **von etwas Wind bekommen**; die heutige Redewendung bedeutet denn auch, dass jemand »heimlich von etwas Nachricht bekommt«.

Der Jäger, der dem Wild auflauert, hat seinen Finger am Abzughahn des Gewehrs; **er ist am Drücker**. Man verwendet diese Redewendung heute in dem Sinne, dass »jemand Entscheidungsgewalt über etwas hat«.

Während der Jäger seinen Finger am Abzug hat, wartet sein Jagdhund (außer bei einer Treibjagd) mit größter Aufmerksamkeit auf den Schuss; **er passt auf wie ein Schießhund** wurde wegen der Anschaulichkeit des Bildes verständlicherweise zu einer beliebten Redewendung.

Aber nicht nur die Jagdhunde verfolgen die Situation mit größter Konzentration, sondern auch das Wild. Die Hasen richten ihre Ohren auf und drehen sie in alle Richtungen, um einer eventuell drohenden Gefahr mit dieser Art »großem Lauschangriff« zu begegnen. Die Jäger aber sagen, dass sie **die Löffel spitzen**; im übertragenen Sinne wird diese Redewendung verwandt, wenn man ausdrücken will, dass »jemand besonders aufmerksam zuhört«.

Von einer »Person, die flieht«, sagt man, dass sie **das Hasenpanier ergreift.** Von einem weglaufenden Hasen sieht man nur den weißen Schwanz, die »Blume«, wie die Jäger heute sagen – das »Panier« (Banner), wie es früher hieß.

Den Jagdhunden verdanken wir aber noch eine weitere plastische Redewendung. Man sagt von einer Person, sie sei **nicht hasenrein,** wenn die »Person nicht ganz einwandfrei« ist. In der Jägersprache ist mit »nicht hasenrein« ein Hund gemeint, der zwar für die Jagd abgerichtet, aber trotzdem nicht ganz verlässlich ist. Ein solcher Hund stöbert vielleicht einen Hasen auf, verfolgt ihn aber dann nicht weiter.

Bleiben wir noch einen Moment bei der Hasenjagd. Ist es eine Treibjagd, so haben die den Jägern zugetriebenen Hasen nur selten eine Überlebenschance. Diese Situation veranlasste denn auch Goethe, die »Jagd auf einen Wehrlosen« sehr treffend als **die reinste Hasenjagd** zu bezeichnen.

Kommt ein Jäger erfolgreich zum Schuss, so stürzt das getroffene Tier in der Regel zu Boden. Die Redewendung **Knall auf Fall** beschreibt diese Situation, die man sich aber genau vorstellen muss. Die auf den ersten Blick verwirrende Formulierung wird logisch, wenn man bedenkt, dass ein Dritter, der vielleicht 100 Meter von dem

Schützen entfernt steht, zunächst den Hasen fallen sieht, bevor er – den Bruchteil einer Sekunde später – den Schuss hört. Allerdings, die Wendung lautete – wie die Dudenredaktion betont – ursprünglich »Knall und Fall«; erst im 20. Jahrhundert wurde die heutige Form mit »auf« gebildet, wohl in Anlehnung an »Schlag auf Schlag«. Das hieße, dass die Logik erst gar nicht bemüht wurde. Die Redewendung soll zum Ausdruck bringen, dass »etwas ganz schnell erfolgt«, so schnell wie der Knall auf den Fall.

Wenn der Jäger trifft, dann hat er das Wild **zur Strecke gebracht**; er hat es getötet, erlegt. Mit dieser Formulierung wird darauf Bezug genommen, dass nach einer Treibjagd das geschossene Wild von den Treibern zusammengetragen und am Sammelpunkt der Jäger nach einer strengen Ordnung aufgereiht wird. Dieses aufgereihte Wild ist die *Strecke*, zu der jedes einzelne Tier *gebracht* wird. Im übertragenen Sinne verwendet man diese Redewendung, wenn man z. B. ausdrücken will, dass »ein Ganove festgenommen oder ein Betrüger überführt werden konnte«.

Nicht immer aber trifft der Jäger optimal, und genau diesem unerwünschten Jagdpech tragen einige Redewendungen Rechnung. Wird z. B. Vogelwild nur leicht getroffen, so muss es **Federn lassen**, aber es überlebt. Im übertragenen Sinne bedeutet die Redewendung, dass »jemand bei einem Angriff nicht besiegt oder vernichtet wurde, dass ihm aber zumindest ein Schaden zugefügt wurde«.

Ähnlich groß ist der Verlust für einen Jäger, der einen Vogel, z. B. eine Wildente, getroffen hat, wenn diese Ente dann **in die Binsen geht**. Die Binsen sind hohe Gräser, die im Wasser stehen und dabei ein so dichtes und unzugängliches Dickicht bilden, dass auch die Hunde eine Ente dort nicht herausholen können. Im übertragenen Sinne steht die Redewendung für »misslingen«; ein bisschen schwingt dabei aber mit, dass eine Aktion eigentlich gute Erfolgschancen hatte.

Bei der Treibjagd auf größeres Wild spannte man gelegentlich Schnüre mit bunten Stofffetzen (Lappen) auf, um das aufgescheuchte Wild in die Richtung der Jäger zu treiben. Wenn dann ein Hirsch oder Reh unter den aufgehängten Stofffetzen in die Freiheit entkam, dann waren sie den Jägern **durch die Lappen gegangen** – und genau so verwendet man die Redewendung auch, »wenn nämlich jemand jemandem entkommt«.

Die Jäger werden sich dagegen verwehren, mit den Schützen von Schützenvereinen und Sportschützen in »einen Topf geworfen« zu werden – und umgekehrt. Beide Seiten mögen es dem Verfasser nachsehen. Er stellt nur fest, dass beide mit Gewehren und sonstigen Waffen schießen. – Jemand hat **den Vogel abgeschossen** sagt man, wenn jemand »irgendwo der Beste ist«. Die Redewendung geht auf das Schützenwesen zurück, wo der jährliche Schützenkönig derjenige wird, der einen aufgestellten (künstlichen) Vogel abschießt. Allerdings schwingt in der Redewendung nicht selten Ironie mit, weil der erkämpfte Sieg zuweilen auch gewisse Nachteile mit sich bringt – wie bei einem Schützenkönig, der einen beträchtlichen Anteil der Kosten eines Schützenfestes zu tragen hat.

Die Redewendung **den Nagel auf den Kopf treffen** kommt ebenfalls aus dem Schützenwesen. Wenn die Schützen auf Scheiben mit markierten Ringen schießen, dann war früher in der Mitte der Scheibe ein Nagel angebracht (mit dem die Scheibe vielleicht auch befestigt war). Trifft man also diesen Nagel auf den Kopf, so war es ein optimaler Schuss – und so besagt denn auch die Redewendung im übertragenen Sinne, dass »jemand genau das Richtige gesagt oder getan hat«.

Aus der Sprache der Sportschützen wurde auch die Redewendung **eine Fahrkarte schießen** übernommen; man drückt damit salopp aus, dass »jemand sein Ziel verfehlt hat«. Dies ist eine Metapher: Wenn ein Sportschütze auf der Zielscheibe weder das Schwarze noch einen der Ringe trifft, sein Schuss vielmehr nur den Rand der Zielscheibe »ziert«, so hat die Zielscheibe eine peinliche Ähnlichkeit mit einer – ebenfalls am Rande gelochten – Fahrkarte.

Studentische Burschenschaften – Verbindungswesen

Einige gängige Redewendungen entstammen den Burschenschaften, dem akademischen Verbindungswesen. Dabei fällt auf, dass sie sich nicht mit dem Studium und der Wissenschaft befassen, sondern mit den anderen

Hauptbeschäftigungen ihrer Mitglieder – dem Fechten und dem gesellschaftlichen Zusammensein.

Wir laden gelegentlich ein, einen **zur Brust zu nehmen**, wenn wir mit jemandem etwas Alkoholisches trinken wollen. Der Ursprung der Redewendung ist, dass man beim förmlichen Zuprosten das Glas zunächst betont zur Brust führt, bevor man trinkt. Da es in Burschenschaften meist förmlich zuging, wurde das in großer Runde getrunkene Bier zuvor korrekt zur Brust genommen.

Jemandem eine Standpauke halten bedeutet heute, dass man »jemandem ins Gewissen redet«. Eine Standpauke ist also »eine heftige Rede, die ein Herbeizitierter sich stehend anhören muss, während der sitzende Redende mit der Hand auf den Tisch schlägt«. Der Ursprung des Wortes Pauke ist das mittelhochdeutsche Wort »puken« (draufschlagen). In der Studentensprache des 19. Jahrhunderts war »pauken« das Mensurfechten, das in den Fechträumen (»Paukboden«) von schlagenden Burschenschaften oder Verbindungen stattfand. Ebenso gab es die Bezeichnung »Pauker« für den Lehrer oder den Prediger auf der Kanzel, die ebenfalls schlugen – der Prediger auf die Kanzelbrüstung, der Lehrer auf den Po der Schüler (»Arschpauker«).

Aber bleiben wir bei den schlagenden Verbindungen, da sie uns eine weitere Redewendung beschert haben. **Viel Aufhebens machen** sagt man, wenn jemand »etwas übertrieben wichtig nimmt«. Der Ursprung ist das Zeremoniell beim Schaufechten in früherer Zeit. Vor

Beginn eines Kampfes lagen die Waffen – für jeden Kämpfer unerreichbar – auf dem Boden. Sie mussten in einem streng vorgegebenen Zeremoniell aufgehoben werden, bevor ein Kampf beginnen konnte – was die Zuschauer beeindruckte und auch beeindrucken sollte. Hintergrund dieses Zeremoniells war aber auch, dass sich keiner der Kämpfer vor Beginn des Kampfes einen unlauteren Vorteil verschaffen können sollte.

Wurde bei einer Mensur einer der Kämpfer (Paukant) durch Säbelhiebe so schwer verletzt, dass er von seinem Sekundanten abgeführt werden musste, so galt dies als »Abfuhr«. Daher die Redewendung **jemandem eine Abfuhr erteilen**, mit der ausgedrückt wird, dass »jemand, z. B. in einem Rededuell, total besiegt wird«.

Gauner und fahrendes Volk

Das Gaunertum und das fahrende Volk haben im deutschsprachigen Raum etwa 50 Geheimsprachen (Rotwelsch, Jenisch, Masematte etc.) entwickelt, die sich weitgehend deutscher Wörter bedienen, nicht selten diesen aber eine völlig andere Bedeutung gegeben haben, um sie ganz unauffällig als Geheimsprache nutzen zu können. Daneben wurden diese Sprachen auch mit Wörtern aus anderen Sprachen, z. B. dem Hebräischen oder Jiddischen, den slawischen Sprachen oder dem Romanes, der Sprache der Sinti und Roma, angereichert, wobei die Fremdwörter dann so abgeschliffen wurden, dass sie wiederum deutsch klangen. Einige Kostproben dafür finden wir in den folgenden Redewendungen, die in die Umgangssprache übernommen wurden[4].

Jeder kennt die Redewendung **Kohldampf schieben,** denn sie bedeutet Hunger haben – und wer hat nicht schon einmal diese Erfahrung gemacht. Dabei ist aber weniger bekannt, dass »Kohldampf« Rotwelsch ist und dazu noch ein Pleonasmus; denn im Rotwelschen bedeutet sowohl Dampf als auch Kohl jeweils »Hunger«, zusammengesetzt also »Hunger-Hunger«, das heißt wohl »großer Hunger«.

Jemand, der **sich in Schale schmeißt,** der zieht sich fein an, der macht sich schick. Aber in der Redewendung klingt ein feiner Unterton mit. Denn der, der das sagt, lässt damit anklingen, dass ihm der feine Anzug eigentlich zuwider ist. Der Ursprung der Redewendung ist dagegen ganz und gar nicht spitzfindig. Das rotwelsche Wort »Schale« bedeutet einfach »Kleidung«; wer sich in Schale schmeißt, der zieht seine Kleider an.

Man sagt, dass **jemand weiß, wo der Barthel den Most holt,** wenn man ausdrücken will, dass sich »jemand mit etwas genau auskennt, wenn er schlau ist und alle Kniffe beherrscht«. Wahrscheinlich kommt auch diese Redewendung aus dem Rotwelschen, denn sie leistet genau das, was für Gauner nötig ist: Sie klingt völlig harmlos wie ganz normales Deutsch, ist aber kein Deutsch, denn die zentralen Wörter »Barthel« und »Most« haben eine völlig andere Bedeutung. Sie sind eigentlich Hebräisch, abgeschliffenes Hebräisch, das in das Rotwelsch übernommen wurde. »Barsel« bedeutet »Brecheisen« und »Moos« (von »ma'oth«) bedeutet »Geld«. Die Redewendung der Gauner drückt somit aus »wo man mit dem Brecheisen Geld holen kann« – aber höchst unauffällig. – Weniger wahrscheinlich, aber mit nicht geringerem Unterhaltungswert dürfte die folgende konkurrierende Erklärung der Herkunft unserer Redewendung sein. Im Niederdeutschen bezeichnet man den Storch als »Batheld« und Kinder umgangssprachlich als »Mäuse«. Wenn also jemand weiß, wo der Storch die Mäuse holt, der weiß, woher die Kinder kommen – eine metaphorische Formulierung, die gerade Kinder nicht verstehen und nicht verstehen sollen.

Kehren wir zur kriminellen Erklärungsvariante zurück und nehmen wir an, dass der wissende Gauner getan hat, was wissende Gauner tun. Mit großer Wahrscheinlichkeit wird er dann von der Polizei gefasst und ins Gefängnis gebracht. Bei solchen Transporten bedient sich die Polizei bekanntlich eines Fahrzeugs für Gefangenentransporte, einer **grünen Minna**. Fast jeder weiß, was eine »grüne Minna« ist, aber über den Ursprung der Redewendung kann man ohne Lexikon nur rätseln. Dabei ist die Herkunft des Namens »Minna« einfach, denn Minna, die Abkürzung des Namens Hermine, war früher ein Pseudonym für Hausangestellte; eine Minna war also eine Person, die einem zu Diensten war. Erklärungsbedürftiger ist das Attribut »grün«. Dabei ist eher kaschierend, dass die Polizeifahrzeuge grün sind; denn das Attribut »grün« bietet noch eine ganz andere Deutungsmöglichkeit. Im Rotwelschen bedeutet »grün« nämlich »unangenehm, nicht geheuer«. Eine »grüne Minna« ist aus der Sicht eines Gauners also ein Fahrzeug, das einem zwar eine freie Fahrt gewährt, das einen aber dorthin bringt, wo man auf keinen Fall hin will.

Aber, die grüne Minna versieht natürlich ihren Dienst. Ist der Gauner dann im Gefängnis angelangt, so sagt man **er sitzt hinter schwedischen Gardinen**. Auch hier kann man lange rätseln, was denn schwedische Gardinen sein könnten. Bei den »Gardinen« handelt es sich wiederum um Rotwelsch. In der Gaunersprache wurde dem deutschen Wort eine andere Bedeutung gegeben, die »Gardinen« sind die »Gitterstäbe vor den Fenstern« – und diese sind zumeist aus festem Stahl, dem sprichwörtlichen »Schwedenstahl«.

Von der Polizei gefasst und mit der grünen Minna ins Gefängnis gebracht zu werden, das wollen Gauner natürlich vermeiden und deshalb sprechen sie davon, dass man beim Anrücken der Polizei schnell **die Platte putzen**, »schnell verschwinden« muss. Dieses Idiom der Gaunersprache ist jiddischen Ursprungs: »p'lat« bedeutet »Flucht« und »puz« soviel wie »sich zerstreuen«.

Sozialstruktur als solche

Die Gesellschaftsstruktur früherer Jahrhunderte war unter anderem durch ihre geringe Durchlässigkeit gekennzeichnet. Nicht nur der Adel grenzte sich vom Rest der Gesellschaft klar ab; auch der Mittelstand war im Zunftwesen streng organisiert. Die wenigen hier folgenden Redewendungen zeugen von der Distanz und dem Verhalten zwischen den sozialen Gruppen unterschiedlichen Ranges.

Drei Redewendungen wurden ausgewählt, die speziell hierauf Bezug nehmen. Die Redewendung **einen Kratzfuß machen** bedeutet »jemanden begrüßen«, aber darin wird das soziale Gefälle zwischen den sich begrüßenden Personen überdeutlich. Das liegt an der Herkunft dieser Redewendung. Der Kratzfuß war Teil einer sehr formellen Höflichkeitsbezeugung; der im Rang Niedrigere verbeugte sich bei der Begrüßung, setzte dabei einen Fuß nach hinten und kratzte mit diesem wiederholt – fast wie ein Esel oder Pferd.

Jemandem sind die Hände gebunden, »wenn jemand sich nicht so verhalten oder nicht so entscheiden kann, wie er eigentlich möchte, weil er auf jemanden Rücksicht nehmen muss«. Diese Redewendung geht auf mittelalterliche Lehnsverhältnisse, auf das Verhältnis zwischen Lehnsherr und Vasall zurück. Ein Vasall war kein Leibeigener, sondern ein Freier, der sich – meist durch Treueeid – seinem Lehnsherrn gegenüber zu militärischen und diplomatischen Diensten verpflichtete und der dafür ein Lehen, ein Territorium, erhielt und seinerseits unter dem Schutz seines Lehnsherrn, meist eines Fürsten, stand. Lehnsverhältnisse wurden feierlich durch einen rituellen Akt begründet, bei dem dem Vasallen »die Hände gebunden« wurden – als Zeichen seiner Untergebenheit.

Wenn eine hochgestellte Persönlichkeit sich spontan bei einem Bediensteten großzügig bedanken wollte, so war sie meist in der Verlegenheit, kein Geld bei sich zu haben. Da aber ihr Rock in der Regel goldene oder silberne Knöpfe hatte, konnte sie einen solchen Knopf abreißen und wie eine Münze verwenden. Daher die Redewendung **jemandem etwas abknöpfen,** mit der heute ausgedrückt wird, dass »jemandem ein Geldbetrag abverlangt wird«.

Durch die Bank bedeutet »alle, ohne Ausnahme«; die Redewendung nimmt darauf Bezug, dass früher auf einer Bank, einer Kirchbank z. B., nur sozial Gleichgestellte saßen. Wenn die dann in einer Frage gleicher Ansicht waren, dann vertraten sie eine Auffassung »durch die Bank«.

Natürlich gab es immer auch mal Personen, die mit ihren Vorfahren wenig gemein hatten, die **aus der Art geschlagen** waren. Das Wort »schlagen« geht auf das althochdeutsche »slahan« (»nacharten«) zurück, von dem auch die Wörter »Geschlecht« und »ungeschlacht« (»grobschlächtig, plump«) abgeleitet wurden. Genau genommen ist die Redewendung ein Pleonasmus, besagt sie doch nichts anderes als »aus der Art arten«.

3. Geschichte und geschichtliche Begebenheiten

Bedeutende geschichtliche Ereignisse haben zuweilen – als Nebenprodukt – einprägsame Redewendungen produziert. Wir verwenden sie heute bereitwillig, weil der historische Anklang der Redewendung »Farbe« gibt. Aber zuweilen kennen wir die konkrete historische Situation nicht mehr genau, in der die jeweilige Redewendung geboren wurde.

Allerdings wird im folgenden zwischen realer Geschichte, der Welt der Sagen und der Mythologie nicht so streng unterschieden wie bei den Geschichtswissenschaftlern. Es geht ja auch »nur« um Redewendungen.

Man sagt heute, dass jemand **etwas im Schilde führt**, wenn er »mit einer bestimmten, einer bösen Absicht irgendwo erscheint«. Diese Redewendung hat ihren Ursprung in der Rüstung mittelalterlicher Ritter. Wenn die Ritter in voller Montur auftraten, z. B. bei mittelalterlichen Reitturnieren, dann hieß das mit Rüstung, Lanze, Schwert und Schild. Auf ihrem Schild waren Wappen und auch Wahlsprüche, die Eingeweihten ihre Identität verrieten. Aber nur lesekundigen Eingeweihten; das gemeine Volk konnte nur sehen, dass Wappen und Wahlsprüche sich auf dem Schild befanden; sie konnten sie aber nicht lesen. Sie sahen also, dass der Betreffende »etwas im Schilde führte«, nur wussten sie nicht, was.

Ihre Lebenserfahrung sagte ihnen dann vielleicht, dass die Chance groß war, dass der betreffende Ritter eine nicht-friedliche Gesinnung hatte. Diese pessimistische Sicht findet sich in der heutigen Redewendung wieder.

Man sagt zuweilen, **das ist mir ein böhmisches Dorf,** »wenn jemand etwas überhaupt nicht versteht«. Ab dem 14. Jahrhundert gehörte Böhmen zum Deutschen Reich; der König von Böhmen war deutscher Churfürst und der dortige Adel sprach natürlich Deutsch. Aber Böhmen war für die lokale Bevölkerung Tschechien und deren Sprache war Tschechisch – das heißt, die Sprache, in der auch die Namen der böhmischen Ortschaften am jeweiligen Ortsrand aufgeführt waren. Und da diese Namen für die Deutschsprachigen meist Zungenbrecher waren, entwickelte sich die Redewendung von den »böhmischen Dörfern«.

Ebenso sprechen wir davon, dass uns etwas **spanisch vorkommt,** wenn uns etwas »völlig fremd« ist. Die Redewendung geht zurück auf die Zeit, als Karl V. deutscher Kaiser und zugleich König von Spanien war. Damals reagierten die protestantischen Bevölkerungskreise in Deutschland gegenüber der Einführung spanischer und somit katholischer Bräuche sehr ablehnend.

Im Jahre 1564 verlegte Kaiser Karl IX. den Neujahrstag vom 1. April auf den 1. Januar. Man kann sich vorstellen, dass in den Folgejahren der eine oder andere den 1. April immer noch als Neujahrstag empfand und sicherlich wurde der eine oder andere auch damit »veräppelt«, **in den April geschickt**, indem man ihm am 1. April ein gutes neues Jahr wünschte. Dieser scherzhafte Brauch wurde später auf alle erdenklichen Lügenmärchen ausgedehnt. Die Aufklärung des so »zum Narren Gehaltenen« beginnt dann regelmäßig mit den Worten »April, April«.

Da musst du **auf dem Quivive sein** heißt, »da musst du sehr wachsam sein – denn es kann gefährlich werden«. Und das war auch der Ursprung der Redewendung: eine lebensgefährliche Situation, zur Zeit der französischen Revolution. Falls man damals auf einen Wachtposten traf, so lautete dessen Ruf »Qui vive?«. Wenn man das mit dem entsprechenden deutschen Ruf von Wachtposten «Wer da?« übersetzt, geht die Pikanterie der Frage unter. Denn die Frage bedeutete im Französischen »wer soll leben – der König (Antwort: vive le roi) oder die Revolution (Antwort: vive la révolution)?«. Und bevor man die entsprechende Antwort gab, war es ratsam herauszufinden, was der jeweilige Wachtposten hören wollte, das heißt zu welcher Seite er gehörte, denn sonst konnte die eigene Antwort ein Todesurteil bedeuten.

Montezumas Rache ist eine umgangssprachliche Bezeichnung für »Durchfall« – ursprünglich in Mexiko, später auch in anderen südlichen Ländern, wo unsauberes Wasser und sonstige hygienische Defizite sehr rasch Durchfallerkrankungen bewirken. Die Redewendung geht auf den Namen (Moctezuma) mehrerer Aztekenkönige zurück, der zunächst einmal einer Verballhornung unterlag. Moctezuma II. wurde vom spanischen

Eroberer Cortés gefangen genommen. Er starb in der Gefangenschaft. – Wer sich in südlichen Ländern eine schwere Durchfallerkrankung zuzieht, der wird gerne glauben, dass ein Fluch des Herrschers Moctezuma dafür verantwortlich ist.

Alter Schwede ist eine kumpelhafte Anrede. Die Redewendung geht darauf zurück, dass am Ende des Dreißigjährigen Krieges Friedrich Wilhelm I., Kurfürst von Brandenburg (der Große Kurfürst), altgediente schwedische Soldaten anwarb, die er als Ausbilder für sein Heer einsetzte. Diese Ausbilder waren so populär, dass sich die uns bekannte saloppe Anrede entwickelte.

Ein **Gang nach Canossa** ist ein »Bußgang«. Die Redewendung geht auf den Bußgang des deutschen Königs Heinrich IV. im Januar 1077 zu Papst Gregor VII. zurück, der sich damals in der Burg von Canossa aufhielt. Papst Gregor VII. hatte im Investiturstreit den Kirchenbann über König Heinrich IV. verhängt, da dieser, wie auch der Papst, das Recht für sich beanspruchte, Bischöfe und Äbte in ihre Ämter einzusetzen. Nach kirchlicher Auffassung stand und steht das Recht ausschließlich dem Papst zu.

Den Rubikon überschreiten, diese Redewendung verwendet man, wenn jemand einen »entscheidenden Schritt tut«. Sie nimmt darauf Bezug, dass Gaius Julius Caesar im Jahre 49 v. Chr. mit seinem Heer den Rubikon überschritt, der damals die Grenze zwischen der gallischen Provinz (gallia cisalpina, das heutige Norditalien) und dem »eigentlichen« Italien bildete. Die Weigerung Caesars, sein Heer zu entlassen, und die Überschreitung des Rubikon – mit den berühmten Worten »alea iacta est« (der Würfel ist gefallen) – bedeutete den Beginn des römischen Bürgerkrieges, der Caesar an die Macht brachte.

Bleiben wir bei Bürgerkriegen. Denn auch die Formulierung von der **fünften Kolonne** geht auf eine Situation in einem Bürgerkrieg zurück. In der Redewendung meint »fünfte Kolonne«, dass in einem Krieg oder einer sonstigen Auseinandersetzung »eine Untergruppe der einen Seite heimlich mit dem Gegner kooperiert«. Im spanischen Bürgerkrieg (1936-39) soll General Emilio Mola, einer der Führer des Aufstandes gegen die Republik, gesagt haben, er werde vier »Kolonnen« gegen Madrid führen, aber die »fünfte Kolonne«, nämlich die Anhänger Francos in Madrid, würden mit der Offensive beginnen.

Ein Begräbnis erster Klasse ist die elegante Bezeichnung für einen »spektakulären Misserfolg«. Die Redewendung geht auf Reichskanzler Otto von Bismarck zurück, der über seine eher unwürdige Entlassung im Jahre 1890 aus dem Amt durch Kaiser Wilhelm II. in seinen Memoiren schrieb: »Am 29. März verließ ich Berlin (…) unter den vom Kaiser im Bahnhof angeordneten militärischen Ehrenbezeigungen, die ich ein Leichenbegängnis erster Klasse mit Recht nennen konnte.« Aus dem »Leichenbegängnis« wurde in der Redewendung ein »Begräbnis«.

Mein Name ist Hase, ich weiß von nichts; so sagen wir, wenn wir »über eine Sache nichts wissen – mit ihr aber auch nichts zu tun haben wollen«. Die Redewendung geht auf einen Jurastudenten namens Victor v. Hase zurück. Er wurde 1843 angeklagt, weil er einem Kommilitonen, der im Duell einen anderen Studenten erschossen hatte, mit seinem Studentenausweis zur Flucht verholfen haben sollte. Er verblüffte das Gericht zu Beginn mit den Worten: »Mein Name ist Hase; ich verneine die Gegenfragen; ich weiß von nichts.« Die verblüffende Einlassung in Verbindung mit dem verwirrenden Eigennamen, das war genug, um einer Redewendung zur Geburt zu verhelfen.

Und noch eine Redewendung haben wir einem Eigennamen in Verbindung mit einer historischen Situation zu verdanken, den **armen Schlucker.** Als solchen bezeichnet man einen »armen Menschen«, wenn man mit Mitgefühl über ihn spricht. Nur scheinbar geht die Redewendung auf einen Menschen zurück, der »nichts zu schlucken«, das heißt »zu essen und zu trinken« hat. In Wirklichkeit haben wir sie einem gewissen Philipp Schlucker, einem Wiener Maurer, zu verdanken, der für Kaiserin Maria Theresia gearbeitet hat und von ihr schlecht bezahlt worden sein soll. Aber wenn man es überdenkt, so war es wohl wiederum die Doppeldeutigkeit der Formulierung, die sie zur Redewendung werden ließ.

Verlassen wir die reale Geschichte und begeben wir uns nun ins »Reich der Legenden und der Mythologie«; es geht um Redewendungen, die jemandem zugeschrieben werden – Kolumbus, Alexander dem Großen oder »der Pandora«: **Das Ei des Kolumbus**, diese Redewendung verwendet man, wenn jemand »eine erstaunlich einfache Lösung für ein Problem« gefunden hat. Sie wird Christoph Kolumbus zugeschrieben, der bei dem Versuch, ein Ei zum Stehen zu bringen, diesem kurzerhand die Spitze eindrückte, so dass es dann wirklich stehen konnte.

Man spricht vom **gordischen Knoten** oder davon, dass jemand diesen **gordischen Knoten durchhaut**. Es ist eine Redewendung mit fast gleicher Bedeutung wie die vorhergehende, denn wiederum geht es darum, dass jemand eine »verblüffend einfache Lösung für eine eher schwierige Aufgabe« findet. Der Sage nach sollte derjenige, der einen von König Gordios kunstvoll geschlungenen Knoten löste, die Herrschaft über Kleinasien erlangen. Der spätere Alexander der Große stellte sich dieser Aufgabe; er nahm sein Schwert und durchtrennte den Knoten mit einem einzigen Hieb.

Auch die **Büchse der Pandora** entstammt dem Reich der Sagen. Der griechische Dichter und Geschichtsschreiber Hesiod berichtet in seinen Überlieferungen, dass Zeus der Menschheit die Pandora mit einem Gefäß geschickt haben soll, das alle Übel der Welt enthielt – als Strafe für den Raub des Feuers durch Prometheus. Da Gefäße im alten Griechenland aus Buchsbaumholz (griechisch »pyxos«) gefertigt wurden und ein solches Gefäß auf Griechisch »pyxis« hieß, wurde in der Sage eine »Büchse« daraus.

4. Staat

Staat im Sinne von öffentlicher Verwaltung, Recht und Gerichtswesen, Militär und staatlichem Münzwesen – das erscheint uns meist als eine sehr nüchterne, trockene Welt. Aber nicht doch, es fällt auf, dass vor allem die ersten drei Bereiche sehr markante und beliebte Redewendungen geliefert haben.

Verwaltung

Einige in der Umgangssprache sehr gebräuchliche Redewendungen haben wir der Bürokratie, der staatlichen Verwaltung zu verdanken. Wenn es sehr bürokratisch zugeht, bemerkt man gerne, dass da mal wieder jemand **den Amtsschimmel reitet.** Was den Ursprung der Redewendung angeht, so wetteifern verschiedene mögliche Herkünfte. Eine sehr einleuchtende haben wir der alten österreichischen Verwaltung zu verdanken. Dort gab es ein Formular, das bei der Bearbeitung administrativer Angelegenheiten regelmäßig benutzt werden musste – auch bei Lappalien. Aber damals sagte man nicht »Formular« sondern »Simile«, und die Volksetymologie machte aus dem »amtlichen Simile« mit Ironie dann einen »Amtsschimmel«. Was lag näher, als dem zuständigen Beamten gegebenenfalls dann nachzusagen, dass er »den Amtsschimmel reitet«. – Die Redewendung könnte ihren Ursprung aber auch in der Schweiz gehabt haben. Dort war es üblich, dass amtliche Schriftstücke von einem Boten, dem Weibel, zu Pferde zugestellt wurden. Der Unmut über ein bürokratisches Schreiben wurde dann vielleicht mit »der Amtsschimmel hat gewiehert« geäussert.

Wir sagen, dass wir **etwas aufs Tapet bringen,** wenn wir ein bestimmtes Thema ansprechen. »Tapet« ist eine alte Bezeichnung für den grünen Bezug auf einem Verhandlungstisch und – als pars pro toto – für den Verhandlungstisch selbst. Die Redewendung besagte somit früher, dass etwas auf den Verhandlungstisch und somit zur Verhandlung gebracht wird. Dem grünen Bezug, dem Tapet, verdanken wir folglich auch die Redewendung, dass eine Entscheidung **am grünen Tisch** gefällt wurde.

Blaue Briefe sind Briefe, in denen den Eltern von minderjährigen Schülern mitgeteilt wird, dass deren »Versetzung gefährdet« ist. Der Begriff wird aber auch verwandt, wenn es um »Kündigungsschreiben« geht. Der Ursprung dieses farbigen Begriffes liegt in der preußischen Verwaltung. Sie benutzte im 18. Jahrhundert generell Briefumschläge aus billigem Papier. Das Papier wurde aus den Lumpen verschlissener Uniformen gewonnen, die damals »Preußisch Blau« waren. Erst später erhielten die blauen Briefe ihre heutige spezielle Bedeutung.

Von **stempeln gehen** spricht man, wenn »jemand arbeitslos ist« oder Arbeitslosenunterstützung bezieht. Früher mussten Arbeitslose ihre Arbeitslosenunterstützung selbst abholen und bekamen dabei einen Stempel in ihre Papiere.

Recht – Gerichtswesen

Recht und Gerichtswesen zeichnen sich durch eine besondere Sprache, durch treffende Begriffe und Redewendungen aus. Einige Redewendungen zeugen aber auch eindrucksvoll von der früheren Praxis des Gerichtswesens – lange vor Einführung und Anwendung der Menschenrechte. Gerade deshalb vielleicht kommen sie in der Alltagssprache immer noch zur Anwendung; dabei ist das Umfeld, innerhalb dessen die Redewendungen einmal wörtlich Sinn machten, oft in Vergessenheit geraten. Versuchen wir, es uns präsent zu machen.

»Darauf kann ich dir **Brief und Siegel geben**«; so sagt man, wenn man »jemandem etwas fest zusichert, für das man sich verbürgt«. Das Wort »Brief« hatte früher die Bedeutung von Urkunde, und eine Urkunde bedurfte häufig eines Siegels, z. B. des Siegels eines Notars, um einen Vertrag rechtskräftig zu machen. In Redewendungen wie »Geld oder Brief« (an der Börse) oder im englischen Wort »briefcase« findet man das Wort »Brief« ebenfalls noch in seiner ursprünglichen Bedeutung.

Ein anderer Begriff für Urkunde war Charta. Und so spricht man auch von durch Urkunde (Charta) getroffenen Vereinbarungen; eine solche Vereinbarung war dann – im neutralen Sinne – eine »abgecharterte bzw. **abgekartete Sache**«. Diese fachtechnische Redewendung fand später Eingang in die Welt des Kartenspiels. Dort wandelte sich die Bedeutung ins Negative; als **abgekartetes Spiel** wurde nämlich ein »Spiel bezeichnet, bei dem zwei Spieler heimlich eine Vereinbarung trafen, um ihren Mitspieler zu betrügen«.

Gerichte sind dafür bekannt, dass sie langsam arbeiten. Das war schon früher so. Ein Richter hatte oft sehr viele Fälle zu bearbeiten und entsprechend viele Akten lagen in seinem Zuständigkeitsbereich. Die Akten wurden damals aber nicht in Schränken aufbewahrt, sondern in Truhen bzw. auf Bänken. Eine Akte, die am Ende einer langen Bank aufbewahrt wurde, die wurde dann für längere Zeit nicht bearbeitet. Und in genau diesem Sinne spricht man auch heute davon, dass **etwas auf die lange Bank geschoben**, dass es »hinausgezögert wird«.

Auch die Redewendung **ein Armutszeugnis ausstellen** hat ihren Ursprung im Rechtswesen. Ein Armutszeugnis war früher eine amtliche Bescheinigung dafür, dass jemand arm war. Sie berechtigte den Betreffenden z. B. zur Beantragung des Armenrechts im Falle eines Gerichtsprozesses (heute »Prozesskostenhilfe«). Im übertragenen Sinne verwendet man die Redewendung, wenn man ausdrücken will, dass jemand mit etwas den »Nachweis für seine Unfähigkeit« erbracht hat.

Einige Redewendungen gehen auf juristische Formalitäten zurück. Wir sagen z. B. **vor Jahr und Tag,** wenn wir »vor ziemlich langer Zeit« meinen. Der Ursprung der Redewendung ist aber keineswegs eine ungenaue Angabe, sondern eine sehr genaue Fristsetzung im mittelalterlichen Recht. Vor »Jahr und Tag« bedeutete nach dem Sachsenspiegel, dem ältesten deutschen Gesetzbuch, eine Frist von einem Jahr, 6 Wochen und 3 Tagen. Sie setzte sich zusammen aus der an sich gemeinten Jahresfrist zuzüglich einer »Gerichtsfrist« von 6 Wochen (weil ordentliche Gerichte nur alle 6 Wochen tagten) sowie einem »Gerichtstag« (der drei Kalendertage umfasste bzw. umfassen konnte).

Man sagt gelegentlich, dass jemand etwas **in Bausch und Bogen** ablehnt, und meint damit »ganz und gar, ohne auf Details einzugehen«. In der alten Rechtssprache wurde damit zum Ausdruck gebracht, dass bei einem Grundstückskauf die Fläche ohne Beachtung von Ausbuchtungen (»Bausch«) und Einbuchtungen (»Bogen«) berechnet wurde, da man unterstellte, dass sich diese in etwa ausglichen.

Den Gepflogenheiten beim Grundstückskauf verdanken wir aber noch eine weitere Redewendung. Wer ein Grundstück erwarb, der erhielt nach alter Rechtspraxis als Symbol einen grünen Zweig, der wohl zum Ausdruck brachte, dass auf dem erworbenen Land etwas gedeihen möge. Wer niemals Land erwarb, der konnte es früher auch »nicht zu etwas bringen«; und genau in dem Sinne verwendet man heute die Redewendung **auf keinen grünen Zweig kommen**.

Will man sein frisch erworbenes Grundstück in Besitz nehmen, so muss man die Grenzsteine identifizieren. Dabei war es alter Brauch, junge Burschen als Zeugen mitzunehmen – in der Hoffnung, dass sie noch lange leben und über ein gutes Gedächtnis verfügen. Um dem

Gedächtnis aber noch ein wenig nachzuhelfen, war es üblich, die Jungen an jedem Grenzstein zu ohrfeigen oder an den Ohren zu ziehen, damit sie sich die Grenzsteine auch wirklich merkten. Das ist der Ursprung der Redewendung **sich etwas hinter die Ohren schreiben** im Sinne von »sich etwas gut merken«.

Eine weitere Rechtsformalität betrifft den Fortbestand einer Ehe. Gemäß altem Rechtsverständnis kommt es durch die **Trennung von Tisch und Bett** zur Aufhebung einer Ehegemeinschaft. Die heutige Redewendung bringt dagegen nur noch zum Ausdruck, dass »ein Paar nach gescheiterter Ehe in Trennung lebt«.

Es gab aber auch schon im Mittelalter eine andere Möglichkeit, eine Ehe zu beenden. Bei den Wenden zum Beispiel durfte der Ehemann die Ehefrau verstoßen, musste aber dafür ihrem Landesherrn drei Schilling geben, er musste »Fersengeld« zahlen. Im germanischen Volksrecht war »Fersengeld« die Bezeichnung für die Strafe, die ein Deserteur zu zahlen hatte, wenn er gefasst wurde. Die heutige Redewendung **Fersengeld geben** drückt dagegen aus, dass »sich jemand davonmacht«, von der Bestrafung ist nicht mehr die Rede.

Nun zu Redewendungen, die sich mit dem Ablauf von Gerichtsprozessen befassen: Wir sprechen davon, dass wir jemandem **Rede und Antwort stehen**, dass wir ihm »Rechenschaft geben« wollen. Der Ursprung dieser Redewendung ist altes Prozessrecht, wonach eine Gerichtsrede stehend vorgetragen werden musste.

Genau hierauf nimmt die Redewendung **jemanden zur Rede stellen** Bezug. Man sagt so, wenn man »von jemandem Rechenschaft fordert«. Ursprünglich aber bedeutete die Redewendung, dass jemand angezeigt und vor Gericht gebracht wurde, damit er dort angeklagt wurde – und sich stehend zu verteidigen hatte.

Hier ist Gelegenheit, ein weiteres Detail früheren Prozessrechts einzufügen. Vor Gericht konnte ein Angeklagter durch einen Dritten entlastet werden. Wollte jemand aber etwas zu Gunsten eines Angeklagten aussagen, so musste er sich neben den Angeklagten stellen, ihm **zur Seite treten** oder **springen**. In unserer Alltagssprache hat diese Redewendung heute eine wesentlich harmlosere Bedeutung, sie besagt nur noch, dass man »jemandem helfen, ihn unterstützen« will.

Hand aufs Herz! sagen wir, wenn wir »jemanden auffordern, ganz ehrlich zu sein und die Wahrheit zu sagen«. Und genau dies sollte die Hand auf dem Herzen früher vor Gericht ausdrücken. Es war eine Gebärde, die Bestandteil eines Eides war.

Gerichtsverhandlungen, insbesondere Strafprozesse, verliefen früher nicht immer unter Beachtung der Menschenrechte; nicht selten wurde der Angeklagte gefoltert. Einige Redewendungen aus diesem Zusammenhang finden sich heute in der Alltagssprache wieder. Eine physisch milde, aber psychologisch durchaus wirksame Form der Folter war das Zeigen der Folterwerkzeuge, das dem informierten Angeklagten dann einen gehörigen

Schrecken einjagte. Im übertragenen Sinne meint die heutige Redewendung **jemandem die Folterwerkzeuge zeigen**, dass man jemandem »droht«, indem man ihm seine »Machtmittel deutlich macht«.

Bedauerlicherweise beließ es die mittelalterliche Justiz nicht beim Zeigen der Folterwerkzeuge. Die Steigerung war vielleicht, dass Daumenschrauben angelegt und angezogen wurden, was zu sehr schmerzhaften Quetschungen an den Daumenknochen führte. Wenn man heute ankündigt, **jemandem die Daumenschrauben anzulegen**, so meint man das zwar nur noch im übertragenen Sinne, aber Psychoterror und Mobbing können bekanntlich ebenfalls sehr schmerzhaft sein.

Trotz ihres eher harmlosen Klanges hat die Redewendung, dass **jemandem etwas auf den Nägeln brennt**, einen sehr schlimmen Ursprung, eine weitere Foltermethode nämlich. Dem Angeklagten wurden früher glühende Kohlen auf die Fingernägel gelegt, um ihn zum Reden zu bringen. Die heutige Bedeutung, dass »jemandem etwas dringlich ist«, lässt diesen Ursprung nicht einmal erahnen.

Das Mittelalter war grausam. Denn auch zu den Daumenschrauben und dem Verbrennen der Fingernägel gab es Steigerungen, die sich auch in unseren Redewendungen verewigt haben. Wir sagen gelegentlich so leichthin, dass wir etwas mit **Hängen und Würgen** geschafft haben. Wir meinen dann, dass wir »etwas mit größter Mühe und Anstrengung geschafft« haben. Der Ursprung der Redewendung ist aber eine brutale Foltermaßnahme, die einen Angeklagten zum Reden bringen sollte. Der Angeklagte wurde langsam gehängt, bis er fast erstickt war, das heißt, bis er nur noch mit größter Mühe etwas Luft würgen konnte.

Auch die Redewendung **für jemanden die Hand ins Feuer legen** bezieht sich auf eine Foltermethode. Angeklagte wurden zuweilen gezwungen, eine Hand ins Feuer zu halten. Auf diese Weise sollte ein Feuer- und damit ein Gottesurteil gefällt werden. Verbrannte die Hand, so galt die Schuld des Angeklagten als erwiesen, verbrannte sie nicht, so galt er als unschuldig. Eine Variante dieses Verfahrens bestand darin, dass jemand, der dem Angeklagten im Gerichtsprozess »zur Seite trat«, aufgefordert werden konnte, seine Hand ins Feuer zu legen, um das Gottesurteil zu bewirken. Diese »Methode« kam insbesondere dann zur Anwendung, wenn das Gericht ratlos war, dem Angeklagten aber eine gewisse Chance geben wollte.

Eine andere Methode der Urteilsfindung – bei Ratlosigkeit des hohen Gerichts – bestand darin, dass man im Falle eines Zivilprozesses eine Entscheidung zwischen den Kontrahenten dadurch herbeiführte, dass man sie Hölzchen ziehen ließ. Wer dabei das kürzere Hölzchen zog, hatte verloren. Auch diese Losentscheidung galt dem Gericht als Gottesurteil. Die heutige Redewendung **den Kürzeren ziehen** bedeutet analog, dass »jemand in einem Streitfall unterliegt«.

Wurde der Angeklagte verurteilt, so erwarteten ihn im Mittelalter harte Strafen, wovon auch wieder Redewendungen zeugen. Sehr häufig kam die Todesstrafe zur Anwendung. Die Redewendung **jemandem einen Strick aus etwas drehen** erinnert an die Todesstrafe durch Erhängen, wobei die subtile Formulierung anklingen lässt, dass das Gericht im Rahmen der Beweisführung ein Faktum so interpretiert, dass sich ein gravierendes Verschulden eines Angeklagten daraus ableiten lässt (Indizienbeweis).

Wurde in einem Strafprozess ein Todesurteil gesprochen, so zerbrach der Richter vor der Vollstreckung des Urteils über dem Kopf des Delinquenten ein weißes Holzstäbchen, den »Gerichtsstab«, womit er zum Ausdruck brachte, dass das Urteil nun unwiderruflich war. Die heutige Redewendung **über jemanden den Stab brechen** im Sinne von »jemanden verdammen« kommt der ursprünglichen Bedeutung immer noch sehr nahe.

Eine vergleichsweise harmlose Form der Bestrafung bestand früher darin, dass einem Verurteilten Gegenstände um den Hals gehängt wurden, die eindeutige Schlüsse auf den Grund seiner Bestrafung erlaubten. So wurde einem Dieb der gestohlene Gegenstand umgehängt, einem zänkischen Weib ein Besen, Trinkern eine Flasche und Ehebrecherinnen Steine von obszöner Form. Diese Vorgehensweise führte zur heutigen Redewendung **jemandem etwas anhängen;** allerdings hat es im Laufe der Zeit einen gewissen Bedeutungswandel gegeben, denn wir meinen damit »nur noch«, dass »jemandem etwas Übles nachgesagt wird«.

Eine ähnliche Form der öffentlichen Bloßstellung war das Brandmarken, wobei dem jeweiligen Verbrecher mit einem glühenden Eisen ein Schandmal eingebrannt wurde – zum Teil sogar auf die Stirn. Wenn wir heute **jemanden brandmarken**, dann erfolgt diese »öffentliche Bloßstellung« natürlich nur noch mit Worten.

In früheren Zeiten galt ein Menschenleben meist nicht viel; die Hinrichtung durch Schwert oder Strang wurde deshalb oft schon bei eher geringen Strafen vorgenommen. Dies wird durch die gängige Redewendung dokumentiert, wonach sich jemand **um Kopf und Kragen bringt**, wenn er eine strafbare Handlung vollführt. In der Umgangssprache bedeutet die Redewendung heute vor allem, dass jemand seine Existenz gefährdet, wenn er etwas sehr Riskantes tut. Die inhaltlich verwandte Redewendung **jemandes Kopf fordern** nimmt eindeutig auf eine Hinrichtung durch Enthauptung Bezug. Heute drückt man damit aus, dass man »jemandes Entlassung fordert«.

Eine Bestrafung, die unsere Phantasie überfordert, war das Rädern. Wenn wir gelegentlich sagen, dass wir uns **wie gerädert** fühlen, dann drücken wir damit zwar aus, dass wir sehr erschöpft sind und uns »zerschlagen« fühlen, aber wir haben meist keine Ahnung, was ursprünglich damit gemeint war. Das Rädern war eine äußerst grausame Hinrichtungsart, bei der der Scharfrichter dem Verurteilten die Knochen mit einem Wagenrad zertrümmerte. Beim Urteil »von oben herab« wurde zuerst der Schädel zertrümmert, so dass die Qualen des Verurteilten rasch beendet waren. Beim Urteil »von unten herauf« begann die Hinrichtung mit dem Zerschmettern der Beine; danach wurden Arme, Brustkorb und zuletzt der Schädel zertrümmert. Falls der Delinquent dann immer noch lebte, wurden seine zertrümmerten Gliedmaßen durch das Wagenrad geflochten und auf dem Richtplatz zur Schau gestellt – bis der Betroffene schließlich seinen schlimmen Verletzungen erlag.

In dieser Situation war ein Gnadenstoß ins Herz des unter Folterqualen Leidenden eine Erlösung, und das genau meint auch die Redensart **jemandem den Gnadenstoß geben**, wenngleich sie heute natürlich nur in Bezug auf Tiere angewandt wird, die z. B. eine schwere Verletzung erlitten haben.

Auch in mittelalterlichen Gerichtsprozessen gab es natürlich den Freispruch. Dann wurde der Angeklagte **auf freien Fuß gesetzt**, wie man auch heute sagt. Damals war damit aber gemeint, dass der Angeklagte von seinen Fußfesseln befreit wurde; er war nämlich häufig mit seinen Füßen an eine Wand oder einen sonstigen schweren Gegenstand gekettet oder musste Fußfesseln tragen.

Schließlich kennen wir aus der Gerichtssprache die Redewendung **stehenden Fußes**. Das ist altes Recht, römisches Rechtsdenken, und unsere Redewendung ist auch die wörtliche Übersetzung des römischen Rechtssatzes »stante pede«. Stehenden Fußes, d. h., sofort und vor Verlassen des Gerichtsgebäudes musste gegen ein Urteil Einspruch eingelegt werden, sonst wurde das Urteil rechtskräftig. Stehenden Fußes besagt deshalb heute auch schlicht »sofort«.

Militär

Gemäß der Redensart »der Krieg ist der Vater aller Dinge« können wir der Subkultur des Militärs auch eine Reihe plastischer Redewendungen verdanken. Da aber – Gott sei Dank – auch das Militär die größte Zeit im Frieden lebt, wurden auch in Friedenszeiten handliche Redewendungen vom Militär auf den Weg gebracht. Sie entstammen dann meist dem Bereich militärischer Gepflogenheiten.

Beginnen wir mit Äußerlichkeiten: Ein **falscher Wilhelm** ist ein »falscher Zopf«. Der Begriff geht darauf zurück, dass im preußischen Heer von Friedrich Wilhelm I. eine Frisur eingeführt wurde, bei der das Haar der gemeinen Soldaten im Nacken zu einem Zopf zu flechten war. Diese Frisur fand bei den Offizieren ihre Entsprechung in einer Zopfperücke, die in der Folge auch bei der Zivilbevölkerung unter der Bezeichnung »falscher Wilhelm« Anklang fand. Heute werden auch Perücken generell mit diesem »Ehrentitel« belegt.

Bei der Ausbildung der Rekruten war das Militär früher nicht zimperlich; oft ging es rüde zu. Die Redewendung jemanden **unter der Fuchtel haben** im Sinne von »jemanden beherrschen« lässt dies anklingen; man muss aber wissen, was eine »Fuchtel« ist. Sie war ein Offiziersdegen mit breiter, stumpfer Klinge, der häufig eingesetzt wurde, um einem Rekruten einen schmerzhaften Schlag zu versetzen. Auch die Redensart **mit etwas in der Luft herumfuchteln** hat hier ihren Ursprung.

Eine Steigerung militärischer Maßregelung war im **Spießruten-Laufen** zu sehen. Bei dieser Bestrafung musste der Betroffene durch eine von Soldaten gebildete Gasse laufen, wobei er Stockschläge auf den entblößten Rücken bekam. Bei der heutigen Redewendung gibt es nur noch virtuelle Hiebe; die Redewendung besagt, dass »jemand auf einem Gang den kritischen und vielleicht auch höhnischen Blicken zahlreicher Zuschauer ausgesetzt« ist.

Wider Erwarten hat auch die Redewendung **jemandem eine Zigarre verpassen**, »jemanden massiv zurechtweisen, tadeln«, einen militärischen Ursprung. Im Ersten Weltkrieg war es üblich, dass ein Offizier einem Untergebenen eine Zigarre anbot, bevor er ihn tadelte. Die Zigarre schuf ein positives Gesprächsklima und ließ deshalb den Tadel eher auf »fruchtbaren Boden« fallen; zugleich half sie dem Gerügten, nach außen sein Gesicht zu wahren.

Die höchste Strafe, die Todesstrafe, konnte früher beim Militär in Kriegszeiten auch durch ein Standgericht, ausgesprochen werden. Im Gegensatz zu einem ordentlichen Verfahren wurde dabei einem Täter unmittelbar nach dessen Ergreifen – quasi im Stehen – der Prozess, der **kurze Prozess gemacht**. Wurde er zum Tod durch

Erschießen verurteilt, so wurde dies üblicherweise vor einer Mauer oder Wand vorgenommen. Unsere Redewendung **jemanden an die Wand stellen**, die ja bedeutet, dass jemand erschossen werden soll, ist, weil der Kern des Geschehens unausgesprochen bleibt, eindeutig ein Euphemismus – genau so wie der »kurze Prozess«. Die Redewendung drückt zwar nicht mehr aus, dass juristische Verfahrensvorschriften außer Kraft gesetzt werden, aber dennoch, dass »gegen jemanden energisch und ohne Rücksicht auf Einwände und Bedenken vorgegangen wird«.

Nicht immer wurde beim Militär die Todesstrafe durch Erschießen vollzogen. Der Tod durch die Kugel galt als ehrenhafter Tod. Bei besonders verachtenswerten Verbrechen wurde die Kugel durch den Strang ersetzt, weil der Delinquent **keinen Schuss Pulver wert** war. Auch heute drückt man mit der Redewendung verächtlich aus, dass »jemand nichts taugt«.

Von großer Bedeutung sind beim Militär stets Disziplin und Exerzieren. Wenn eine militärische Einheit, z. B. eine Kompanie, Aufstellung nimmt, so wird großer Wert darauf gelegt, dass die so gebildeten Reihen auch gerade sind. Das kann nur dadurch erfolgen, dass sich jeder Soldat an seinem Vordermann ausrichtet. Misslingt das, so erfährt der Soldat die Hilfestellung seines Vorgesetzten, er **wird auf Vordermann gebracht**. Bei der Redewendung klingt deshalb nicht nur an, dass etwas »wieder in Ordnung gebracht« wird, sondern auch der deutliche Vorwurf, dass der an sich Verantwortliche das nicht selbst geschafft hat.

Ist eine militärische Kompanie auf Vordermann gebracht, so stellt sich natürlich noch die Frage, wie eng die Soldaten zueinander stehen; wenn sie ganz eng stehen, dann berühren sie sich mit den Ärmeln – **sie halten Tuchfühlung.** Diese Redewendung wurde in die Umgangssprache übernommen – mit der etwas abstrakteren Bedeutung, »einer Person oder Sache nah zu bleiben, um alles mitzubekommen«.

Wird eine militärische Kompanie aufgefordert »im Gleichschritt zu marschieren«, so kommt sie in Schwierigkeiten, wenn sie im Kreis marschieren oder abbiegen soll. Denn das funktioniert natürlich nur, wenn die auf der Innenseite der Kolonne Marschierenden kleinere Schritte machen, wenn sie **kürzer treten.** Die Redewendung besagt denn auch, dass man sich »einschränkt«, allerdings abstrahiert man dabei davon, dass sich die Einschränkungen ursprünglich nur auf die Größe von Schritten beim Militär bezogen.

Das Militär umfasst auch die militärische Verwaltung und Bürokratie; manche Soldaten haben ganze Kriege nur in Schreibstuben erlebt. Und das Wort Bürokratie lässt sogleich erahnen, dass dabei auch Formulare im Spiele sind. Ein wichtiges Formular beim deutschen Militär war das Formular, das »Schema« für die Frontrapporte (Schema F), das schon im Jahre 1861 für die Frontberichterstattung eingeführt wurde. Da dieses Formular regelmäßig auszufüllen und für alle Einheiten verbindlich war, war es der Ausdruck »routinemäßiger Vorgehensweise« schlechthin. Genau das bedeutet ja auch die Redewendung **nach Schema F**, dass nämlich »etwas routinemäßig erledigt wird«.

Jemandem den Laufpass geben nimmt ebenfalls Bezug auf ein Formular, ein Dokument militärischer Bürokratie. Ein Laufpass war früher die Entlassungsurkunde für einen Soldaten. Er war lebenswichtig für ihn, um bei Befragen nachweisen zu können, dass er nicht etwa ein Fahnenflüchtiger war. Die Redewendung bedeutet zwar auch heute noch »jemanden entlassen«, aber es klingt dabei an, dass der Entlassende darüber erleichtert ist. Das gilt auch, wenn die Redewendung benutzt wird, um lieblos auszudrücken, dass man »eine Beziehung beendet«.

Von der Befassung mit militärischer Verwaltung und militärischen Gepflogenheiten geht es nun zu den Soldaten selbst. Sie müssen natürlich zuerst einmal rekrutiert werden. Nicht zu allen Zeiten erfolgte das wie heute durch gesetzgemäße Musterungen. Im 18. Jahrhundert wurden in Hessen z. B. Soldaten zwangsrekrutiert und an Großbritannien, die »britische Krone«, verkauft, um dann nach Amerika verschifft und im amerikanischen Unabhängigkeitskrieg (1775-83) eingesetzt zu werden. Da Kassel der Sammelort dieser zwangsrekrutierten Soldaten war, entwickelte sich die Redewendung **ab nach Kassel**. Heute drückt man damit aus, dass jemand »an einen unliebsamen Ort geschickt« wird. – Ein konkurrierender Ursprung dieser Redewendung wird darin gesehen, dass Napoleon III. nach seiner Gefangennahme im Deutsch-Französischen Krieg (1870/71) nach Kassel (Wilhelmshöhe) verbracht wurde.

Wurde ein Soldat rekrutiert, so konnte dies für den unteren oder mittleren Dienst (Unteroffizier) oder für die Offizierslaufbahn sein. Begann jemand seinen Dienst auf der untersten Stufe, so musste er früher zunächst mit dem Kampfspieß, der »Pike« exerzieren. **Von der Pike auf dienen** oder **lernen** hieß folglich, dass jemand seine militärische »Laufbahn auf der untersten Stufe begann« – und genau das besagt die Redewendung heute noch, wenngleich durchaus auch im nicht-militärischen, im übertragenen Sinn.

Nullachtfünfzehn: Zur Aufstellung eines Heeres genügte die Rekrutierung von Soldaten nicht, es mussten auch Waffen beschafft werden, vor allem Gewehre. Im optimalen Falle war ein ganzes Heer mit dem gleichen Gewehr ausgestattet, denn dann konnte im Ernstfall jeder Soldat mit jedem verfügbaren Gewehr umgehen. Ein solches Standardgewehr des deutschen Heeres war im Zweiten Weltkrieg das Maschinenengewehr MG 08/15, so dass sich davon die Redewendung »nullachtfünfzehn« ableitete, wenn bei einer Aktion »das übliche Gerät benutzt« oder »das Übliche getan« werden sollte. Und so, allerdings »entmilitarisiert«, verwendet man auch heute die Redewendung im Alltag.

Doch nun »auf in den Kampf«. Natürlich musste dabei zuvor Aufstellung genommen werden, denn Kämpfe wurden zumindest ordentlich begonnen. Um den Soldaten Orientierung darüber zu geben, zu welchem Truppenteil sie gehörten und wo ihr Truppenteil stand, aber auch, für welchen Herrn und für welche Ideale (z. B.

»für König und Vaterland«) sie zu kämpfen gedachten, musste jeder Truppenteil seine **Fahne hochhalten**. Für jeden Soldaten war die Fahne ein Symbol für Ehre und Treue. Das klingt in der heutigen Redewendung durchaus noch mit, wenn man ausdrücken will, dass sich jemand »für eine Sache besonders engagiert«.

Ein wichtiger Aspekt jeder Kriegsführung waren zu allen Zeiten Strategie und Taktik. Die Redewendung **getrennt marschieren, vereint schlagen** ist exakt eine solche strategische Konzeption, die auf die Generäle Scharnhorst und von Moltke zurückgeht. Die heutige Redewendung abstrahiert vom Militär, drückt aber nach wie vor aus, dass »ein Ziel parallel auf verschiedene Weise und aus verschiedenen Richtungen verfolgt wird«.

Eine andere taktische Maßnahme konnte sein, dass ein Heerführer seine Truppen zu Beginn eines Kampfes gar nicht alle zeigte, sondern hinter einem Hügel versteckte – zum Beispiel um den Gegner zu einem leichtsinnigen Angriff zu verleiten. Genau darauf geht die Redewendung **mit etwas hinterm Berg halten** zurück, mit der man ausdrückt, dass jemand in einer Verhandlung »etwas Wichtiges verschweigt«.

In früheren Kriegen spielten die Kämpfe Mann gegen Mann eine große Rolle. Da mussten auch Offiziere mit dem Säbel kämpfen, das heißt, dessen **Heft in die Hand nehmen** und sich an die Spitze ihrer Einheit stellen. Auch die heutige Redewendung bedeutet, dass »jemand die Leitung einer Angelegenheit übernimmt«.

Bei mittelalterlichen Kämpfen kämpften die Ritter in der Regel mit herabgelassenem Visier, das nicht nur ihr Gesicht schützte, sondern den Gegner auch über die eigene Identität im Unklaren ließ. Wenn dagegen jemand **mit offenem Visier kämpfte**, so war dies ein »Zeichen besonderen Mutes und der Offenheit«.

Ein **Schuss vor den Bug**, ein Schuss, der vor dem Bug eines gegnerischen Schiffes einschlug, war in der Regel eine taktische Maßnahme der Kriegsführung zur See. Das gegnerische Schiff wurde so vor einer Weiterfahrt gewarnt und zur Umkehr aufgefordert. In unserer Alltagssprache wurde die Redewendung »entmilitarisiert«, so dass wir nur noch damit ausdrücken, dass jemand »streng verwarnt« wird.

Die Redewendung **über das Ziel hinausschießen** geht wohl auf die Zeit der Bogenschützen zurück. Wenn diese mit forcierter Anstrengung, mit Übereifer ihr Ziel zu treffen versuchten, dann schossen sie eventuell darüber hinaus. Auch die Redewendung besagt, dass jemand »in einer Angelegenheit übereifrig zu weit geht«.

Wird jemand in einem Kampf vernichtend geschlagen, so sprechen wir davon, dass er **sein Waterloo erlebt** – in Anspielung auf Napoleon I., der in der Schlacht von Waterloo am 18. 6. 1815 vernichtend geschlagen wurde.

Einige Redewendungen nehmen Bezug auf Niederlagen. Die besiegten Truppen **werfen** dann **ihre Flinte ins Korn**, um besser weglaufen zu können und um als unbewaffnet zu erscheinen und deshalb vielleicht zu überleben. Bei dieser Redewendung klingt aber deutlich an, dass jemand »einen Kampf vorschnell aufgibt«.

Für den einzelnen Soldaten konnte Niederlage aber auch bedeuten, dass er tot war – oder tödlich verletzt. Die Redewendung **ins Gras beißen,** nimmt darauf Bezug, dass Verwundete im Krieg in der Tat in das Gras gebissen haben, um sich die Schmerzen zu verbeißen. Auch wenn es so klingt, der Ursprung der Redewendung ist nicht Galgenhumor. Heute drückt man mit der Redewendung aus, dass jemand eines »gewaltsamen Todes stirbt«.

Bei der Luftwaffe konnte eine Niederlage darin bestehen, dass im Luftkampf die eigenen Flugzeuge besiegt und abgeschossen wurden. Noch krasser aber war, wenn die Luftwaffe überrumpelt wurde, wenn die Flugzeuge **am Boden zerstört** wurden, bevor sie sich überhaupt dem Luftkampf stellen konnten. Von dieser ursprünglichen Bedeutung hat sich die heutige Redewendung deutlich entfernt, da sie nur noch ausdrückt, dass jemand »völlig erschöpft, völlig ausgelaugt« ist.

Schließen wir mit einer alten Kriegsregel, die sich mit der Frage befasst, was zu tun ist, wenn der besiegte Feind flieht. Die taktische Regel lautet, dass man dann nicht versucht, noch möglichst viele gegnerische Soldaten auf der Flucht zu töten. Vielmehr soll man dem Feind die Flucht ermöglichen, notfalls Brücken bauen, damit er fliehen kann. Unsere Redewendung **jemandem eine goldene Brücke bauen** unterstreicht dies mit dem Attribut

»golden« überdeutlich. Deren heutige Bedeutung, »jemandem durch Nachgeben helfen, ein Eingeständnis zu machen«, lässt den Bezug zum militärischen Kampf nicht mehr erkennen.

Münzwesen

Es sind nur wenige Redewendungen, die hier zum Münzwesen präsentiert werden. Aber, fast allen sieht man auf den ersten Blick nicht an, dass es dabei um das Münzwesen geht.

Keinen Deut sagen wir, wenn wir »gar nicht(s)« meinen; zum Beispiel sagen wir, jemand sei »keinen Deut« besser als sein Vorgänger. Wir ahnen dabei meist nicht, dass diese Redewendung sich auf eine Münze bezieht. Ein Deut war einmal – vom 17. bis ins 19. Jahrhundert – die kleinste holländische Münze (»Duit«).

Eulen nach Athen tragen bedeutet »etwas Überflüssiges tun«. Diese Redewendung ist griechischen Ursprungs. Bei den alten Griechen galt die Eule als Sinnbild der Weisheit und somit auch der Göttin der Weisheit: Pallas Athene. Deshalb war sie das Symboltier für Athen. Zusammen mit Pallas Athene war sie auf allen griechischen Münzen abgebildet. Auch heute findet man die Eule auf den Euro-Münzen griechischer Ausgabe wieder. Da die antiken Athener sehr reich waren, war es eigentlich überflüssig, »Eulen« im Sinne von Münzen »nach Athen zu tragen«.

Man sagt von jemandem, er sei **von echtem Schrot und Korn**, wenn er als ehrlicher Mann gilt, wenn er von aufrechtem Charakter ist. Im Münzwesen steht der Begriff »Schrot« für das Gewicht einer Münze und »Korn« für den Feingehalt, also für den Anteil des Edelmetalls an der Legierung. Beide, Schrot und Korn, waren gesetzlich festgelegt. Und nur wenn die gesetzliche Vorgabe eingehalten war, war eine Münze echt.

Man sagt, dass etwas **eine schöne Stange Geld** kostet, wenn es sehr teuer ist. Diese Redewendung geht auf die Zeit vor Einführung von Papiergeld zurück. Damals mussten auch größere Geldbeträge in Münzen aufgebracht werden. Und es war üblich, dass abgezählte Münzen in Papier gerollt und so verpackt wurden, dass sie als Stangen transportiert werden konnten. Wenn jemand einen höheren Betrag mit Münzen bezahlen wollte, dann brauchte er eine entsprechend lange, »eine schöne Stange Geld«.

Wer sein Geld nicht ausgibt, der spart, und dazu sagt man zuweilen: **Er legt es auf die hohe Kante.** Gemeint ist damit nicht etwa ein hoch gelegener geheimer Ort, eine Kante, auf der man sein Geld verstecken kann. Nein, das Geld wird »hochkant« gelegt – und das geht nur, wenn man eine größere Zahl von Münzen zu der soeben beschriebenen »schönen Stange Geld« zusammenlegt.

5. Dichtung, Literatur und Bibel

Dichtung – Literatur

In diesem Kapitel werden Redewendungen präsentiert, die ihren Ursprung in literarischen Werken haben. Einige entstammen Gedichten, Märchen oder Fabeln, andere Balladen, Romanen oder sonstigen Erzählungen.

Beginnen wir mit einer Redewendung, die wir der leichten Muse zu verdanken haben. **Und wer küsst mich?** Oder gar **Und wer küsst mir?** – dies ist eine sehr saloppe Redewendung für »Und was bekomme ich?« Sie geht zurück auf ein populäres Gedicht eines unbekannten Verfassers, das folgende Zeilen enthält: »Die Hasen rammeln im Revier, kurzum es liebelt jedes Tier, und wer küsst mir?«

Man sagt zuweilen von jemandem, er habe **Kreide gefressen**, wenn er »sich – gegen seine Natur – friedfertig gibt«. Dies ist eine Metapher, die ihren Ursprung in dem Grimmschen Märchen »Der Wolf und die sieben Geißlein« hat. Dort frisst der Wolf Kreide, um eine weichere und freundlichere Stimme zu bekommen. Bei dieser Kreide ist aber wohl nicht richtige Kreide aus Kalk gemeint, sondern die so genannte »Kirschkreide«, worunter man in Preußen ein Mus von Sauerkirschen verstand, dem man eine entsprechende Wirkung nachsagte.

Auch das sprichwörtliche **hässliche Entlein** entstammt einem Märchen. Man bezeichnet damit eine »junge weibliche Person, deren Äußeres als unschön gilt«. Die Redewendung geht zurück auf den Titel des Märchens »Das hässliche junge Entlein« von Hans Christian Andersen.

Kein Wässerchen trüben kann der, der »völlig harmlos ist«. Diese Redewendung hat einen seltsamen Ursprung. In der Fabel von Äsop vom Wolf und dem Lamm frisst der Wolf das Lamm mit der Begründung, das Lamm habe sein Trinkwasser verunreinigt, »getrübt«. Dies aber ist eine leicht beweisbare Lüge, denn das Lamm hatte unterhalb des Wolfes aus dem Bach getrunken. Die Redewendung ist in dem Sinne seltsam, dass die Lüge des Wolfes – der Kern der Fabel – in keiner Weise darin anklingt.

Für jemanden die Kastanien aus dem Feuer holen tut der, der »für jemand anderen etwas Unangenehmes erledigt«. In einer Fabel von La Fontaine will ein Affe geröstete Kastanien essen. Um sich selbst nicht die Finger zu verbrennen, lässt er sie von einer Katze aus der Glut holen. Er hat eine Dumme gefunden.

Auch die Redewendung **jemandem einen Bärendienst erweisen** verdanken wir La Fontaine. In seiner Fabel »Der Bär und der Gartenliebhaber« zerschmettert der übereifrige Bär eine Fliege auf der Nase seines Herrn, des Gartenliebhabers, so dass nicht nur die Fliege, sondern auch dieser tot ist.

Sich **mit fremden Federn schmücken** tut der, der die »Leistungen anderer als die eigenen darstellt«. Die Redewendung ist einer Fabel von Äsop entnommen, in der sich eine Krähe mit Pfauenfedern zu schmücken versucht – vergeblich. Vielmehr kreierte sie eine entlarvende Redewendung.

Der Katze die Schelle umhängen sagt man, wenn jemand »eine heikle Aufgabe übernimmt«. Diese Wendung geht auf eine Fabel zurück, in der die Mäuse beschließen, der Katze eine Schelle umzuhängen, um sie rechtzeitig hören zu können.

Um wieder auf besagten Hammel zu kommen sagt man, wenn man betont zum eigentlichen Thema einer Diskussion zurückführen möchte, nachdem jemand davon abgeschweift ist oder bewusst davon abzulenken versuchte. Die Wendung geht auf eine französische Farce mit dem Titel »Maître Patelin« aus dem 15. Jahrhundert zurück. Darin geht es um einen Gerichtsprozess über veruntreute Schafe. Da eine der Parteien ständig vom Thema abzuschweifen versucht, bringt sie der Richter wiederholt mit den Worten »Revenons à nos moutons!« zur Raison. Im 19. Jahrhundert hat Kotzebue die Redewendung mit seinem Stück »Die deutschen Kleinstädter« im Deutschen eingeführt.

Wie der Herr, so 's Gescherr sagt man, wenn man ausdrücken will, dass die »schlechten Eigenschaften eines Kindes oder Untergebenen auch schon bei dessen Eltern bzw. Vorgesetzten festzustellen« waren. Dies ist die Übersetzung einer lateinischen Redewendung aus dem »Satyricon« des römischen Petronius, die da lautet: Qualis dominus, talis et servus.« (wörtlich: »Wie der Herr, so auch der Knecht«.)

Alte Kamellen sagen wir, wenn jemand eine »altbekannte Geschichte als Neuigkeit« erzählt. »Kamelle« ist das niederdeutsche Wort für Kamille. Kamillenblüten verlieren durch zu langes Lagern ihre Heilwirkung. Das ist der inhaltliche Hintergrund der »alten Kamellen«. Bekannt geworden sind sie aber durch eine niederdeutsche Erzählung von Fritz Reuter mit dem Titel »Olle Kamellen«, was hochdeutsch »alte Kamillen« heißt.

Am seidenen Faden hängen sagt man, wenn »etwas extrem gefährdet ist«. Diese Wendung geht zurück auf die Erzählung vom Schwert des Damokles, wie sie von Cicero und auch von Horaz berichtet wurde. Danach soll der Höfling Damokles den König von Syrakus als den glücklichsten König unter der Sonne gerühmt haben. Der König bot Damokles daraufhin an, mit ihm den Platz zu tauschen. Über dem Thron aber ließ der König ein Schwert aufhängen, das nur an einem Pferdehaar befestigt war – um Damokles auf eindringliche Weise klar zu machen, wie sehr ein jedes Glück bedroht ist. Auf diese Geschichte bezieht sich auch die Wendung **an einem Haar hängen**, womit man – leicht anders, aber historisch authentischer – ausdrückt, dass »der Erfolg einer Sache vom kleinsten Umstand abhängt«.

Sein greises Haupt schütteln, so sagen wir – leicht scherzhaft –, wenn jemand »in Verwunderung weise den Kopf schüttelt«. Die Redewendung ist dem Gedicht von Adelbert von Chamisso über »Das Schloss Boncourt« – seinen Geburtsort – entnommen, dessen erste Zeilen heißen: «Ich träum' als Kind mich zurücke/ und schüttle mein greises Haupt.«

Der **rote Faden** ist der »leitende Grundgedanke«, der eine Gedankenkette durchzieht. Die Redewendung geht auf Goethes »Wahlverwandtschaften« zurück, worin er die Grundidee in Ottilies Tagebuch mit dem durchlaufenden roten Faden in den Tauen der englischen Marine vergleicht. Bei Goethe heißt es (Wahlverwandtschaften, 2. Teil, Kapitel 2): »Wir hören von einer besonderen Einrichtung bei der englischen Marine. Sämtliche Tauwerke der königlichen Flotte (…) sind dergestalt gesponnen, dass ein **roter Faden** durch das Ganze durchgeht, den man nicht herauswirken kann, ohne alles aufzulösen, und woran auch die kleinsten Stücke kenntlich sind, dass sie der Krone gehören.« Und dann als Metapher: »Ebenso zieht sich durch Ottiliens Tagebuch ein **Faden** der Neigung und Anhänglichkeit, der alles verbindet und das Ganze bezeichnet.«

Du ahnungsloser Engel, so sagen wir, wenn wir unsere »Überraschung über jemandes Ahnungslosigkeit oder Naivität zum Ausdruck bringen« wollen. Die Redewendung nimmt Bezug auf ein Zitat aus Goethes Faust – verkehrt dessen Aussage aber in ihr Gegenteil. Bei Goethe reagiert Faust mit den Worten »Du ahnungsvoller Engel du!« auf Gretchens instinktiv ablehnende Haltung gegenüber Mephisto.

Wir bleiben bei Goethe und seinem Faust. **Der Weisheit letzter Schluss** heißt, dass eine gefundene Lösung »das Klügste ist«, was man sich vorstellen kann. Besonders gerne aber verwendet man die Redewendung, um auszudrücken, dass eine gefundene Lösung noch *nicht* »der Weisheit letzter Schluss ist«.

Die Geister, die ich rief – entstammen Goethes Ballade »Der Zauberlehrling«, wo es heißt: »Die ich rief, die Geister, werd ich nun nicht los.« Heute verwendet man diese Redewendung, wenn jemand »etwas bewusst in Gang gesetzt hat, das dann außer Kontrolle gerät« – wie in der Ballade, nur ein wenig abstrakter.

Gegen Windmühlen kämpfen heißt »gegen ein Phantom kämpfen – also gegen etwas, das überhaupt nicht existiert«. In Cervantes' berühmtem Roman ist es der tragikomische Titelheld Don Quijote, der – begleitet von seinem Pferd Rosinante – einen solchen müßigen Kampf führt.

Der Berg kreißte und gebar eine Maus sagt man, »wenn ein großer Aufwand getrieben wird, um ein lächerlich unbedeutendes Ergebnis zu erzielen«. Die Redewendung geht auf den römischen Dichter Horaz zurück, der in seiner »Ars poetica« (Kunst des Dichtens) mit den Worten »parturient montes, nascetur ridiculus mus« (Es kreißen die Berge, geboren wird eine lächerliche Maus.) kritisierte, die Dichter machten große Versprechungen, hielten davon aber wenig.

Ein Ritt über den Bodensee ist »eine waghalsige Unternehmung – deren großes Risiko dem Akteur nicht bewusst ist«. Die Redewendung geht auf die Ballade »Der Reiter und der Bodensee« von Gustav Schwab zurück: Ein Reiter reitet nichts ahnend über den zugefrorenen See. Erst nach seiner Ankunft auf der anderen, der Schweizer Seeseite wird ihm die Gefahr bewusst, die er überstanden hat – und sinkt dann vor Schreck tot vom Pferd.

Jenseits von gut und böse sein ist eine pikante Redewendung, mit der gerne ausgedrückt wird, dass »jemand so alt ist, dass er keine sexuellen Bedürfnisse mehr hat«. Daneben gibt es aber auch die Bedeutung, dass jemand »weltfremd und naiv« ist. Die Redewendung nimmt Bezug auf den Titel einer Schrift von Friedrich Nietzsche: »Jenseits von Gut und Böse«. Sie hat den Untertitel »Vorspiel einer Philosophie der Zukunft«.

Das Gras wachsen hören, diese Fähigkeit schreiben wir jemandem zu, der glaubt, »aus winzigen – womöglich nur eingebildeten – Veränderungen erkennen zu können, wie sich eine Sache entwickeln wird«. Die Redewendung geht auf ein altnordisches Werk aus dem 13. Jahrhundert, »die jüngere Edda«, zurück, worin über Heimdall, den Wächter der Götter, gesagt wird: »Er kann auch hören, dass das Gras auf der Erde und die Wolle auf den Schafen wächst, sowie überhaupt alles, was einen Laut von sich gibt.«[5]

Kalte Füße kriegen heißt »einen Rückzieher machen«. Wir verdanken diese Redewendung Fritz Reuter, der in seinem Werk »Ut mine Stromtid« einen Rektor vorkommen lässt, der Karten spielt. Als dieser beim Spiel eine größere Menge Geld gewonnen hat, behauptet er plötzlich, kalte Füße (»kolle Fäut«) bekommen zu haben. Und so beendet er mit dieser Ausrede das Kartenspiel und macht sich auf den Heimweg.

Bibel

Von den folgenden Redewendungen mit biblischem Ursprung entstammen fast drei Viertel dem Alten und etwa ein Viertel dem Neuen Testament. In Ermangelung eines anderen überzeugenden Ordnungsprinzips folgen sie in der biblischen Reihenfolge, die vom 1. Buch Mose bis zur Offenbarung des Johannes reicht. Einige weitere biblische Redewendungen werden in einem anderen Zusammenhang vorgestellt.

Von einer **Babylonischen Sprachverwirrung** ist die Rede, »wenn irgendwo eine Vielfalt von Sprachen gesprochen wird, so dass sich die Anwesenden nicht mehr alle verstehen«. Im 1. Buch Mose (11, 4-9) wird berichtet, dass die Menschen aus Überheblichkeit gegen Gott einen Turm bauen wollen, der bis in den Himmel reicht. Gott aber strafte die Menschen, indem er ihre Sprache verwirrte und sie in alle Länder zerstreute.

Für ein Linsengericht sagt man, wenn jemand etwas »für einen geringen Preis oder sonstigen Gegenwert«

abgegeben hat. Hier wird auf die Geschichte von Jakob und Esau (1. Mose 25, 29-34) Bezug genommen. Darin verkauft Esau sein Erstgeburtsrecht für ein Linsengericht an Jakob.

Die **sieben fetten Jahre** stehen für »gute Jahre, denen erfahrungsgemäß schlechte Jahre folgen«. Die Redewendung nimmt auf das 1. Buch Mose (41) Bezug, wo Joseph den Traum des Pharao von den sieben fetten und den sieben mageren Kühen dahingehend deutet, dass sieben Jahren mit guten Ernten sieben Jahre mit schlechten folgen werden. Joseph lässt daraufhin Getreidespeicher in Ägypten bauen, in denen die Ernteüberschüsse der sieben »fetten« Jahre eingelagert werden, um mit ihnen die Bevölkerung in den sieben »mageren« Jahren ernähren zu können. Gute und schlechte Erntejahre waren im alten Ägypten nicht eine Frage des Regens in Ägypten, sondern eine Frage, ob der Nil jeweils so viel Wasser führte, dass er durch Überschwemmung die Felder im ganzen Nildelta bewässerte. Der Nilschlamm war überdies der für die Landwirtschaft lebensnotwendige Dünger.

Ägyptische Finsternis bedeutet »tiefste Finsternis«, zum Beispiel bei Stromausfall oder wenn der Nachthimmel von dichten Wolken verdeckt wird. Die Redewendung basiert auf einer Geschichte aus dem 2. Buch Mose (10, 21-23). Dort heißt es: »Da ward eine so dicke Finsternis in ganz Ägyptenland drei Tage lang, dass niemand den andern sah.« Die Finsternis war eine der zehn Plagen, die Gott gegen das – ungehorsame – Volk Israel verhängt hatte.

Man sagt, dass jemand **das Goldene Kalb anbetet,** wenn der Betreffende »von Geldgier erfüllt« ist bzw. »dem Geld eine übergroße Bedeutung beimisst«. Im 2. Buch Mose (32) ist davon die Rede, dass Aaron als Stellvertreter Moses alles Gold der Israeliten einsammeln lässt, um ein Kalb daraus zu gießen, das das Volk dann anbetet. Dies geschah, während Moses bei Gott auf dem Berg Sinai war, um die Gesetzestafeln mit den Zehn Geboten entgegenzunehmen. Die Redewendung ist aus dem Gedanken abgeleitet, dass Gold als Vermögen angebetet wird; in der biblischen Geschichte richtete sich Moses Zorn darauf, dass sein Volk nicht Jahwe, den Gott der Juden, anbetete, sondern ein Kalb.

Jemanden **in die Wüste schicken** heißt »jemanden entlassen«, z. B. einen Angestellten. Die Redewendung nimmt – sehr oberflächlich – auf einen wichtigen jüdischen Brauch Bezug, der im 3. Buch Mose (16, 21ff.) dokumentiert ist. Am »großen Versöhnungstag« nämlich wurde jedes Jahr ein mit den Sünden des Volkes Israel beladener Schafsbock in die Wüste gejagt – der »Sündenbock«.

Das Herz ausschütten bedeutet »sich mit seinen Sorgen und Nöten jemandem anvertrauen«. Die Wendung entstammt dem 1. Buch Samuel (1, 15). Dort heißt es: »Nein, mein Herr! Ich bin ein betrübtes Weib; Wein und starkes Getränk hab ich nicht getrunken, sondern mein Herz vor dem HERRN ausgeschüttet.«

Jemandem **stehen die Haare zu Berge,** wenn er »in höchstem Maße entsetzt« ist. Der Ursprung dieser Wendung ist das alttestamentarische Buch Hiob. Dort heißt es (4, 15): »… da kam mich Furcht und Zittern an, und alle meine Gebeine erschraken. Und ein Hauch fuhr an mir vorüber; es standen mir die Haare zu Berge an meinem Leibe.«

Wer andern eine Grube gräbt, fällt selbst hinein; dies ist eine Formulierung, die wir anbringen, wenn jemand einem anderen schaden will und sich dann selbst damit schadet. Und doch ist die Redewendung – inhaltlich – biblischen Ursprungs. Im Buch Prediger Salomo (10, 8) heißt es nämlich: »Wer eine Grube gräbt, der kann selbst hineinfallen …«

Den Geist aufgeben bedeutet in salopper und leicht ironischer Formulierung »sterben«; im übertragenen Sinne wird die Wendung aber auch auf Dinge angewandt, die »nicht mehr funktionieren«. Der biblische Bezug sind die Klagelieder Jeremias, wo es (2, 12) heißt: »Zu ihren Müttern sprechen sie: Wo ist Brot und Wein?, da sie auf den Gassen in der Stadt verschmachten wie die tödlich Verwundeten und in den Armen ihrer Mütter den Geist aufgeben.«

Auf tönernen Füßen stehen bedeutet, »dass etwas keine feste Grundlage hat« – zum Beispiel ein Regime oder eine Argumentation. Der biblische Bezug ist das Bild eines Kolosses, den König Nebukadnezar in einem Traum gesehen hat, den Daniel ihm deutet. Im Buch Daniel (2, 31-35) wird geschildert, dass das Haupt des Kolosses von feinem Gold ist, Brust und Arme von Silber, Bauch und Lenden von Kupfer, seine Schenkel von Eisen und seine Füße aus einem Gemisch von Eisen und Ton. Und da ein Gemisch aus Ton und Eisen nicht haltbar ist, stürzt der Koloss zusammen – ein Bild für ein künftiges Königreich, das gleichermaßen zusammenstürzt –, so Daniels Deutung.

Gelegentlich kommentieren wir **Oh HERR, er will mich fressen** oder auch **Tobias 6, Vers 3**, »wenn jemand ungeniert gähnt, ohne sich die Hand vor den Mund zu halten«. Die beiden Redewendungen machen die gleiche Aussage und sie haben den gleichen Bezug. Denn Tobias 6, 3 ist die Stelle in dieser »Spätschrift des Alten Testaments« (Apokryphe), wo jener Hilferuf zu finden ist. Allerdings erfolgt der Hilferuf dort deshalb, weil Tobias Angst hat, ein großer Fisch aus dem Tigris wolle ihn fressen.

Wenn man jemandem sagt, er solle **sein Licht nicht unter den Scheffel stellen,** dann fordert man ihn auf, »seine Leistungen oder Verdienste nicht aus Bescheidenheit zu verschweigen«. Der Scheffel ist ein altes Gefäß, das früher als Getreidemaß verwendet wurde. Stellt man ein Licht unter den Scheffel, so leuchtet es nicht mehr. Die Redewendung geht auf eine Stelle im Matthäus-Evangelium zurück. Dort (5, 14 f.) sagt Jesus: «Ihr seid das Licht der Welt … Man zündet …nicht ein Licht an und setzt es unter einen Scheffel, sondern auf einen Leuchter; so leuchtet es allen, die im Hause sind. So soll euer Licht leuchten vor den Leuten, dass sie eure guten Werke sehen …« Die Übersetzung Luthers mittels des Wortes »Scheffel« wurde in anderen Bibelübersetzungen durch das Wort »Eimer« ersetzt; das erleichtert die Vorstellung von diesem Getreidemaß.

Junger Wein in alten Schläuchen, so kommentieren wir eine Problemlösung, die »nicht wirklich neu« ist. Die Formulierung findet sich wörtlich im Matthäus-Evangelium (9, 17), wo es heißt: »Man füllt ... nicht jungen Wein in alte Schläuche; sonst zerreißen die Schläuche und der Wein wird verschüttet ...«

Der Geist ist willig, aber das Fleisch ist schwach sagt man, »wenn die Ausführung eines guten Vorsatzes an menschlicher Schwäche scheitert«. Auch dies ist eine Redewendung, die dem Matthäus-Evangelium entnommen ist. Dort (26, 41) heißt es im Zusammenhang: »Wachet und betet, dass ihr nicht in Anfechtung fallet! Der Geist ist willig; aber das Fleisch ist schwach.«

Wenn bei jemandem **Matthäi am Letzten** ist, so bedeutet das, dass »er am Ende ist – gesundheitlich oder finanziell«. Die Formulierung nimmt Bezug auf den Schluss des Matthäus-Evangeliums, wo es heißt: »... bis an der Welt Ende.« Bei Matthäus ist also das Ende aller Dinge gemeint, der Weltuntergang.

Wes Geistes Kind jemand ist, glauben wir manchmal zu wissen. Wir drücken damit aus, dass wir »die Gesinnung der betreffenden Person, seine Art zu Denken« zu kennen glauben. Schon im Lukas-Evangelium (9, 55) heißt eine entsprechende Formulierung Jesu: »... Wisset ihr nicht, welches Geistes Kinder ihr seid?«

Mit Engelszungen reden tut jemand, der »mit großer Beredsamkeit eindringlich auf jemanden einredet«. Im 1. Korinther-Brief, wo von der Liebe als der höchsten Geistesgabe die Rede ist, heißt es (13, 1): »Wenn ich mit Menschen- und Engelszungen redete und hätte der Liebe nicht, so wäre ich ein tönend Erz oder eine klingende Schelle.«

Berge versetzen können heißt »nahezu Unmögliches vollbringen«. Im Folgevers zu dem soeben genannten des 1. Korinther-Briefes heißt es – im gleichen Zusammenhang (13, 2): »Und wenn ich weissagen könnte und wüsste alle Geheimnisse und alle Erkenntnis und hätte allen Glauben, so dass ich Berge versetzte, und hätte der Liebe nicht, so wäre ich nichts.«

Jemandem **ein Buch mit sieben Siegeln** sein; so sagen wir, wenn »etwas für jemanden völlig unverständlich« ist. Das Bild des Buches mit den sieben Siegeln ist der Offenbarung des Johannes entnommen, wo es (5, 1-3) heißt: »Und ich sah in der rechten Hand des, der auf dem Thron saß, ein Buch, beschrieben inwendig und auswendig, versiegelt mit sieben Siegeln. Und ich sah einen starken Engel, der rief aus mit großer Stimme: Wer ist würdig, das Buch aufzutun und seine Siegel zu brechen? Und niemand im Himmel noch auf Erden noch unter der Erde konnte das Buch auftun und hineinsehen.«

6. Kunst

Kunstvolle Redewendungen entstammen der Welt der Künste. Dabei kommen die meisten der hier vorgestellten aus Schauspielstücken.

Musik

Zahlreiche prägnante Redewendungen verdanken wir der Musik. Sie sind aber meist ohne Geheimnis, ihr Ursprung ist in der Regel klar – so, wenn wir sagen, dass **jemand gerne die erste Geige spielt,** also »tonangebend sein« möchte. Oder wenn wir sagen, dass jemand **alle Register zieht,** so wie ein Orgelspieler, der »alle verfügbaren Mittel einsetzt«. Auch die Redewendung **aus dem letzten Loch pfeifen** ist ähnlich klar, auch wenn man sich nicht immer bewusst macht, dass ein Flötist natürlich darauf achten muss, dass er mit der begrenzten Zahl verfügbarer Löcher auf seiner Flöte auskommen muss. Im übertragenen Sinne bedeutet die Redewendung, dass »jemand am Ende seiner finanziellen Möglichkeiten« ist.

Malerei

Wir bleiben – nur scheinbar – bei der Musik, wenn wir die Redewendung **jemandem hängt der Himmel voller Geigen** ansprechen, womit ausgedrückt wird, dass »jemand schwärmerisch glücklich« ist. Die Redewendung geht darauf zurück, dass in manchen Epochen (Barock,

Frührenaissance) Kirchengewölbe in der Regel als Himmel mit musizierenden Engeln gemalt wurden.

Auch die Redewendung **einer Sache Glanzlichter aufsetzen**, »einer Sache einen besonderen Effekt, einen Höhepunkt verleihen«, kommt aus der Malerei. In deren Fachsprache bezeichnen Glanzlichter einen aufgemalten tupfenartigen Lichteffekt.

Theater

Kein Blatt vor den Mund nehmen. Die Phantasie reicht kaum aus, um darauf zu kommen, dass dies eine Redewendung aus der Theaterwelt ist. Sie geht darauf zurück, dass es früher üblich war, dass sich die Schauspieler auf der Bühne ein Blatt, eine Art Maske vor die Mundpartie hielten, um später nicht für ihre Äußerungen belangt werden zu können. Dabei muss man sich die Zeit vor Erfindung von Radio und Fernsehen und vor der allgemeinen Verbreitung von Tageszeitungen vorstellen, eine Zeit, in der politische Kritik am Fürsten allenfalls versteckt, das heißt verpackt, in dem vorgesehenen Schauspiel-Text geäußert werden konnte. Mit einem Blatt vor dem Mund konnte man sicher sein, dass niemand später behaupten konnte, er habe gesehen, dass der betreffende Schauspieler die kritischen Worte gesagt habe. Die heutige Redewendung besagt ja auch, dass jemand »sehr offen seine kritische Meinung sagt«.

Sodann gibt es Redewendungen, die bei der Technik und den technischen Abläufen auf der Bühne ansetzen. **Ab durch die Mitte** ist eine solche technische Bühnenanweisung – analog zu »ab nach rechts« oder »ab nach links«. In der Umgangssprache entspricht dies der Aufforderung »schnell weg!« und es klingt darin an, dass man sich nicht erst nach einem unauffälligen Weg umsehen, sondern den erstbesten nehmen soll, auch wenn man dann vielleicht von sehr vielen gesehen wird.

In der Versenkung verschwinden sagt man zum Beispiel von »Politikern, die gerne untertauchen, wenn es politisch brenzlig wird« – und die genauso geheimnisvoll wieder auftauchen, wenn die betreffende Krise vorüber ist. Die Technik der Bühne hat hier Pate gestanden, denn sie erlaubt es in der Tat, Personen auf geheimnisvolle Weise im Bühnenboden verschwinden zu lassen.

Auch der **eiserne Vorhang** ist ein Teil der Bühnentechnik. Er wurde installiert, um den Zuschauerraum bei Ausbruch von Feuer von der Bühne abschirmen zu können. Winston Churchill war es, der diesen Ausdruck (»iron curtain«) für die Politik entlehnte und auf die hermetische Grenze zwischen Ost und West übertrug, worin ihm alle Welt dann bereitwillig folgte.

Theater kann auch Puppentheater sein. Hier hat die Redewendung, dass **jemand die Fäden zieht,** ihren Ursprung. Heute drückt man damit aus, dass es bei einer Sache eine nicht in Erscheinung tretende »Person« gibt,

»die die eigentliche Macht ausübt« – so wie der Mario-
nettenspieler bei seinen Puppen.

Schauspiel – Schwänke

Einige sehr lebensnahe Redewendungen entstammen
Theaterstücken bzw. Schwänken. **Hannemann, geh du
voran!** geht zurück auf den Schwank von den »Sieben
Schwaben«. Angesichts eines Furcht erregenden Tieres,
das aber in Wirklichkeit nur ein harmloser Hase ist, wird
einer der sieben Schwaben mit den bekannten Worten
»Hannemann, geh du voran; du hast die größten Stiefel
an!« vorgeschickt. Auch in der Umgangssprache verwendet man die Redewendung, wenn man will, dass jemand
bei etwas Unangenehmem den Anfang macht.

Höchste Eisenbahn sagt man, wenn »große Eile geboten« ist. Die Redewendung entstammt dem Lustspiel
»Ein Heiratsantrag in der Niederwallstraße« des Berliner Humoristen Adolf Glaßbrenner (1810-1876). Der
Held dieses Stückes ist ein zerstreuter Briefträger, der
regelmäßig Dinge beim Sprechen verwechselt. Statt zu
sagen: »Es ist höchste Zeit, die Eisenbahn ist schon gekommen!« sagt er: »Es ist höchste Eisenbahn, die Zeit ist
schon gekommen!« Dieser Versprecher wurde schon bald
populär, was nicht verwundert, da man damals ständig
in der Situation war, rasch »auf den Zug« zu müssen.

Man sagt gerne, dass etwas ausgeht wie das **Hornberger Schießen**, wenn »etwas nach großer Ankündigung

ergebnislos endet«. Hintergrund dieser Redewendung ist ein Schwank, der in dem Schwarzwald-Städtchen Hornberg spielt. Dort bereitete man sich auf einen Besuch des Herzogs und auf eine große Festveranstaltung vor und vergaß nichts, fast nichts. Als man den Herzog und sein Gefolge bei deren Ankunft in aller Form mit Böllerschüssen begrüßen wollte, da stellte man fest, dass man zwar die Böller aufgestellt, aber kein Pulver mehr hatte.

Bleiben wir beim Schießen, denn ihm verdanken wir die Redewendung **das ist starker Tobak**, »das ist unverschämt«. In einem alten Schwank wird der Teufel zum Narren gehalten. Da der Teufel nicht wusste, was ein Gewehr ist, erklärt ihm ein Jäger, das Gewehr sei eine Tabakspfeife. Der Jäger bietet dem Teufel einen Zug daraus an – und schießt ihm daraufhin eine Ladung Schrot ins Gesicht. Dem Teufel bleibt nur übrig festzustellen, dass das aber »starker Tobak« gewesen sei.

Einem Schwank aus dem 16. Jahrhundert, der auf die Versnovelle »Meier Helmbrecht« (um 1270) Bezug nimmt, ist die Redewendung **jemandem zeigen, was eine Harke ist** entnommen. Ein Bauernsohn, der in die Stadt gezogen ist, kommt nach langer Zeit hochnäsig und verstädtert zurück. Er will sich nicht einmal mehr daran erinnern, was eine Harke ist, bis er dann versehentlich auf deren Zinken tritt, so dass ihm der Stiel der Harke mit vollem Schwung vor den Kopf schlägt. So wurde diesem armen Kerl eine »heilsame Lehre erteilt« – und genau das besagt die Redewendung.

7. Philosophie, Wissenschaften und Technik

Einige wenige Redewendungen mit prägnantem Hintergrund entstammen der Welt der Wissenschaft, Technik und Philosophie. Am unterhaltsamsten sind aber wohl die, die einzelnen Wissenschaftsbereichen zuzurechnen sind.

Philosophie

Eine Hand wäscht die andere ist eine Übersetzung der lateinischen Redewendung »manus manum lavat«. Sie geht auf verschiedene römische Philosophen wie z. B. Seneca zurück. Und in der Tat ist das Händewaschen ja ein faszinierendes Phänomen. Indem die linke Hand die rechte wäscht, wäscht die rechte die linke. In der Umgangssprache wird damit ausgedrückt, dass »ein erwünschter Dienst einen Gegendienst voraussetzt«, womit nicht selten Klüngelei gemeint ist.

Wissenschaft

Nach Adam Riese bedeutet »richtig gerechnet«. Hintergrund dieser Redewendung ist, dass Adam Riese im 16. Jahrhundert mehrere mathematische Bücher über praktisches Rechnen verfasst hat. Darin führte er das arabische

Zahlensystem nach Europa ein und ersetzte damit das Rechnen mit römischen Ziffern. Er nahm dabei Bezug auf das mathematische Werk des aus Usbekistan stammenden und in Bagdad forschenden und lehrenden Mathematikers Musa al-Hwarizmi (im Lateinischen als »alchuarismi« zitiert), der ein berühmtes Buch über Algebra verfasst hat, in dem er das indische Zahlensystem in die arabische Wissenschaft und Kultur eingeführt hatte. (Sein Name findet sich stark abgewandelt in »Algorithmus« wieder.) Die Überlegenheit des arabischen Zahlensystems gegenüber dem römischen besteht darin, dass es ein Dezimalsystem ist, das auch die Null kennt. Das römische ist dagegen ein Buchstabensystem (Buchstaben als Zahlen), das die Null als Zahl und Ziffer nicht kennt.

Jemand nimmt **das akademische Viertel** in Anspruch, wenn er »eine Viertelstunde zu spät kommt«. Hintergrund ist die alte akademische Tradition, dass eine Vorlesung für eine bestimmte Stunde angekündigt war, aber erst 15 Minuten nach der vollen Stunde – akademisch ausgedrückt »c. t.« für »cum tempore« – begann. Dies hatte praktische Gründe: Das akademische Viertel erlaubte es Lehrenden und Lernenden vom einen zum anderen Hörsaal zu gelangen, denn an der deutschen Universität gab es traditionell keine »Klassen« und keine festen »Klassenräume«.

Das A und O bedeutet »die Hauptsache, der Kernpunkt«. Die Buchstaben stehen für den ersten (A = Alpha) und letzten (Ω = Omega) Buchstaben des griechischen Alphabets und bezeichnen »den Anfang und das Ende«.

Der **Blaue Planet** ist ein liebevolles Synonym für »die Erde«. Seit die Weltraumforschung uns Bilder der Erde aus dem Weltall schickt, wissen wir, dass die Erde von dort betrachtet bläulich aussieht – daher der Name.

Biologie – Natur

Man sagt, dass **jemand wie Espenlaub zittert,** wenn der Betreffende »vor Kälte oder Angst stark zittert«. Dies ist eine sehr treffende Metapher, denn die kleinen Blätter der Espe zittern bereits beim leisesten Wind, weshalb die Espe auch »Zitterpappel« heißt.

Etwas **brennt wie Zunder** bezieht sich darauf, dass Zunder ein leicht entflammbares Material ist. Zunder wird aus der Zunderschicht des auf abgestorbenen Buchen und Birken wachsenden Zunderschwamm-Pilzes (fomes fomentarius) gewonnen. Ersatzweise nimmt man aber auch den Flugsamen von Disteln oder die Sporen des Bärlapp. Aus solchem Zunder oder Zunderersatz bildet man eine Unterlage, mit der man die z. B. mit Feuersteinen geschlagenen Funken auffängt. Durch leichtes Pusten entflammt der Funke den Zunder und erlaubt es bei entsprechendem Geschick, ein wenig Haut der Birkenrinde zu entflammen. Mit der schnell verbrennenden Birkenrinde muss man dann Stroh oder trockenes Reisig zum Brennen bringen und schließlich Holz oder anderes länger brennendes Material. Diese Technik des Feuermachens mit Hilfe von Zunder war schon den Steinzeitmenschen bekannt. Im Gepäck des »Ötzi«, des

Mannes aus dem Eis, hat man nicht nur Feuersteine, sondern auch Zunder und Birkenholz gefunden.

Nun zur Fauna: Ein **Gedächtnis wie ein Elefant**, so sagt man, wenn jemand ein sehr gutes Gedächtnis hat. Die Redewendung bezieht sich darauf, dass viele Erzählungen zum Inhalt haben, dass Elefanten Menschen, die ihnen vor sehr langer Zeit Böses getan haben, wieder erkannt und angegriffen haben.

Jemandem spinnefeind sein drückt aus, dass zwischen zwei Menschen oder Parteien eine nicht zu überbrückende Feindschaft besteht. Die Redewendung knüpft daran an, dass manche Spinnenarten zu Kannibalismus neigen. Hierzu passt auch, dass das Weibchen der »Schwarze Witwe« genannten Spinne das Männchen nach der Begattung tötet und nicht selten verspeist.

Selbst die kleinste Mücke hat ihren Spleen: Damit drückt man aus, dass »jemand eine Marotte hat«. Das Wort Spleen wurde aus dem Englischen übernommen; aber die Redewendung geht eigentlich auf die alte lateinische »habet et muscula splenem« zurück – zu Deutsch: »Auch die kleinste Mücke hat eine Milz«. Dieses interessante biologische Faktum nur wurde zunächst mit der Formulierung ausgedrückt. Es kam aber hinzu, dass man Erkrankungen der Milz für bestimmte Gemütsverfassungen verantwortlich machte. Und so kam das Wort »splen« bzw. »Spleen« zu seiner zusätzlichen Bedeutung »Marotte«.

Wenn man mal eine **Katzenwäsche macht**, dann »wäscht man sich nur flüchtig, oberflächlich«. Die Redewendung stellt darauf ab, dass Katzen sich regelmäßig ablecken und dadurch ihr Fell säubern – und dass sie auch als wasserscheu gelten.

Katzen fallen immer auf die Füße sagt man, um auszudrücken, dass »jemand immer Glück hat«, dass er »aus Schwierigkeiten immer schadlos herauskommt«. Die Redewendung ist in der Tat nur die Beschreibung einer biologischen Tatsache.

Eine ganze Reihe bunter Redewendungen verdanken wir der Vogelwelt. **Jemandem sträubt sich das Gefieder**, so sagt man, wenn »jemand großen Widerwillen zeigt«. Biologischer Hintergrund ist, dass viele Vögel sich bei Gefahr aufplustern, das heißt ihr Gefieder hochstellen, um größer und beeindruckender zu erscheinen.

Jemanden unter seine Fittiche nehmen sagt man, wenn man sich »um jemanden kümmert«, ihn betreut wie eine Henne ihre Küken.

Bevor die Küken aber unter die Fittiche ihrer Mutter schlüpfen können, müssen sie ausgebrütet werden. Und hier genau hat die Redewendung vom **springenden Punkt** ihren Ursprung, womit »das Entscheidende einer Sache« bezeichnet wird. Hintergrund ist die angebliche Beobachtung von Aristoteles, der in seinen Schriften behauptete, dass man bei einem bebrüteten Vogelei das Herz des künftigen Vogels als sich bewegenden Punkt erkennen könne. Von der lateinischen Fassung seiner Aussage »punctum saliens« (»springender Punkt«) ist die Redewendung abgeleitet.

Sich mausig machen sagt man von jemandem, der »vorlaut und frech auftritt«. Die Mauser ist der Federwechsel bei Vögeln und »mausig« sind Vögel, die bereits eine Mauser hinter sich haben. Bei der Falkenjagd nimmt man nur solche Falken, die mausig sind, die also eine gewisse Reife und deshalb Jagdlust haben. Bei der Übertragung der Redewendung in die Umgangssprache wurde aber der Aspekt des Vorlauten und Ungebärdigen betont.

Einige Redewendungen knüpfen an besondere Eigenschaften einzelner Vogelarten an. Eine »Person – interessanterweise nur weibliche Personen –, die stiehlt«, bezeichnet man als **diebische Elster.** Hintergrund sind die zahlreichen Anekdoten über Elstern, die glänzende Gegenstände zuweilen auch aus Wohnräumen entwendet haben sollen.

Als **Rabenvater** bezeichnet man jemanden, der »sich nicht um seine Kinder kümmert«. Raben wird nachgesagt, dass sie ihre Jungen zuweilen aus dem Nest stoßen, wenn sie sie nicht mehr füttern wollen.

Man sagt gelegentlich jemandem nach, dass er **einen Straußenmagen hat,** wenn er »schier alles essen kann, ohne sich den Magen zu verderben«. Das deshalb, weil der Strauß mit seiner Nahrung (Blätter, Früchte, Kleintiere) auch Steine aufnimmt, die im Magen helfen, die Nahrung zu zerkleinern. Wegen seiner Vorliebe für glänzende Dinge soll er auch gelegentlich kleine Metallstücke verschlucken.

Bekannt und beliebt ist auch die Redewendung **den Kopf in den Sand stecken** im Sinne von »eine Gefahr nicht wahrhaben wollen«. Hintergrund ist die irrige Auffassung, der Vogel Strauß stecke seinen Kopf in den Sand, wenn Gefahr droht.

Im Gegensatz dazu geht die Redewendung **kotzen wie ein Reiher** darauf zurück, dass Reiher tatsächlich die bereits geschluckte Nahrung wieder herauswürgen, um damit ihre Jungen zu füttern.

Medizin – Anatomie

Einige prägnante Redewendungen verdanken wir der Medizin, wobei manche vor allem deshalb interessant sind, weil sie verdeutlichen, welche irrigen medizinischen Auffassungen noch vor etwa 300 Jahren vorherrschten.

Eine Hauptbeschäftigung von Ärzten war lange Zeit, die Patienten zur Ader zu lassen, eine Maßnahme, die als Allheilmittel heute nicht mehr vertreten wird. Dieses Zur-Ader-Lassen lebt aber – im übertragenen Sinne – in der noch heute benutzten Redewendung fort. Wenn jemand sich beklagt, er sei kräftig **zur Ader gelassen** worden, dann will er sagen, er habe für etwas »übermäßig viel bezahlt«.

Gelegentlich sagt jemand, dass er **den Drehwurm habe**, weil ihm »schwindlig ist«. Dahinter steht die volkstümliche Bezeichnung für die »Blasenfinne«, die Larve eines Bandwurms, die im Gehirn von Haustieren schwere Gleichgewichtsstörungen verursacht – und die traditionelle Auffassung, dass das beim Menschen auch so sein könne.

Wenn man **jemandem die Würmer einzeln aus der Nase ziehen** muss, dann heißt das, dass »der Betreffende nicht von sich aus bestimmte Informationen preisgibt«, sondern dass man sie ihm mühsam durch Fragen entlocken muss. Die Redewendung knüpft an die Auffassung der alten Volksmedizin an, wonach Krankheiten von Würmern verursacht werden. Gewisse Quacksalber brüsteten sich im 17. Jahrhundert auf Jahrmärkten, sie könnten depressive Patienten heilen, indem sie ihnen den Gehirnwurm aus der Nase ziehen.

Wenn »jemand schlecht gelaunt ist, sich über eine Kleinigkeit ärgert«, dann sagt man gerne, ihm sei **eine Laus über die Leber gelaufen**. Früher galt die Leber als der Sitz der Gemütsbewegungen. Wenn jemandem etwas über die Leber lief, so glaubte man, dass dies die Gemütslage eines Menschen beeinträchtigen könne. Wenn jemandes Gemütslage aber durch so etwas Winziges wie eine Laus beeinträchtigt werden kann, dann muss er schon übertrieben empfindlich sein.

Einige Redewendungen knüpfen an physiologische Sachverhalte an, die auch aus heutiger medizinischer Sicht korrekt sind. Die Redewendung **jemand ist noch nicht trocken hinter den Ohren** drückt aus, dass jemand »noch zu jung und unerfahren ist, um irgendwo mitreden zu können«. Der Bezug der Redewendung ist ein frisch geborenes Baby, das noch feucht ist – auch hinter den Ohren.

Gelegentlich stellt man fest, dass jemand **einen Frosch im Hals** hat, weil der Betreffende sich ständig räuspert. Diese Person hat dann – wenn sie nicht erkältet ist – eine kleine Geschwulst (Zyste) im Rachen. Der lateinische Fachausdruck für Zyste ist »ranula« – und »ranula« ist eine Verkleinerungsform von »rana« (Frosch). Vermutlich hat die Zyste im Rachen eine gewisse Ähnlichkeit mit einem kleinen Frosch.

Auch die Redewendung **er hat es faustdick hinter den Ohren**, »er ist schlau und durchtrieben«, hat einen anatomischen Hintergrund. Nach mittelalterlicher Volksmedizin galt die Ohrspeicheldrüse als das Organ der Schlauheit. Diese Ohrspeicheldrüse ist bei den meisten Menschen unauffällig, bei anderen aber – mal stärker, mal schwächer – als Schwellung deutlich sichtbar.

Wir sagen zuweilen, dass wir **einen dicken Hals bekommen**, dass wir wegen etwas »wütend sind«. Das ist physiologisch richtig, bei zorniger Erregung schwellen die Halsadern an, der Hals wird dicker.

Andere sagen in einem solchen Falle, ihnen **laufe die Galle über.** Und in der Tat, bei »zorniger Erregung« erhöht sich die Ausschüttung von Gallenflüssigkeit.

Auch die Redewendung **mir raucht der Kopf** beschreibt – etwas salopp – einen physiologisch richtigen Vorgang. Bei »angestrengtem Nachdenken« steigt die Körpertemperatur und somit auch die des Kopfes.

Die Maulsperre haben sagt man, wenn »jemand vor Staunen den Mund nicht mehr zukriegt«. Bei dieser etwas derben Metapher wird darauf Bezug genommen, dass es eine »Maulsperre« wirklich gibt, nämlich als Krampf der Kinnbacken, bei dem sich der Mund dann nicht mehr schließen lässt.

Auch die Redewendung **der hat die Motten** ist eine unsensible Metapher. Sie besagt nämlich, dass »jemand Lungentuberkulose hat«. Die Redewendung basiert auf dem eher peinlichen Vergleich zwischen einer tuberkulösen Lunge und von Motten zerfressenem Stoff.

Im Mittelalter war die Lepra eine Krankheit mit beträchtlicher Verbreitung; in größeren Städten gab es separate Stadtviertel, in denen die Kranken lebten. Allerdings war damals nicht von »Lepra« die Rede, sondern von »Aussatz« – weil die Erkrankten von der Gesellschaft ausgeschlossen, »ausgesetzt« wurden. Auf dieses Faktum geht die Verwünschung **dass dich das Mäuslein beiß'** zurück. Bei dem »Mäuslein« in der Redewendung handelt es sich um eine volksetymologische Abwandlung des

Wortes »maisel« (»aussätzig«), das auf ein gleichbedeutendes mittelhochdeutsches Wort »misel« zurückgeht. Das mittelhochdeutsche »miselsuht« bedeutete »Aussatz«. Die Krankheit galt als Strafe Gottes.

Spanische Grippe ist eine kuriose Redewendung bzw. Bezeichnung für die große, weltweite Grippepandemie der Jahre 1917-1919, die über 30 Millionen Menschen das Leben gekostet hat. Die Seuche brach wohl 1917 in Ostasien aus, gelangte im Frühjahr 1918 in die USA und verbreitete sich unter den US-Truppen in Kansas. Diese trugen sie über den Atlantik und schleppten sie an der europäischen Westfront ein. Zwar endeten die Kampfhandlungen 1918, die Krieg führenden Parteien wahrten aber Stillschweigen über Ausmaß und Charakter der Krankheit. Nur im damals neutralen Spanien gab es keine Pressezensur, so dass dort offen über die Grippe berichtet wurde, was dazu führte, dass die Pandemie unter dem Namen »Spanische Grippe« in die Geschichte einging.[6]

Technik

Bei den folgenden Redewendungen, die uns im Alltag als leichte Formulierungsbausteine flott über die Lippen kommen, handelt es sich ursprünglich um ziemlich präzise Beschreibungen technischer Phänomene.

Wir finden z. B. gelegentlich, dass ein Anzug, der »sehr gut passt«, **wie angegossen** sitzt, ohne darüber nachzudenken, woher die Formulierung kommt. Sie kommt aus der Gießereitechnik, wo es normal ist, dass die Gussmasse sich der jeweiligen Form aufs genaueste anpasst – weil sie »angegossen« ist.

Eine Redewendung, die häufig missverstanden wird, ist die, dass jemand **heruntergerissen ausschaut**. »Heruntergerissen« hat nichts mit »Gerissenheit« und nichts mit »heruntergekommen« zu tun. Jemand, der »heruntergerissen« ausschaut, ist wie »eine Kopie«. Der Begriff kommt aus der Sprache des technischen Zeichnens. Auf dem »Reißbrett« werden Zeichnungen »heruntergerissen«, angefertigt. Jemand, der heruntergerissen aussieht, sieht einem anderen absolut ähnlich, ist wie »abgezeichnet«.

Das »Reißen« aus der Sprache der Technik kommt auch in einer weiteren Wendung vor. Man sagt, dass jemand gerne **Possen reißt**, »derbe Späße macht«. Possen sind groteske Figuren, die an Kirchen, Brunnen und anderen öffentlichen Bauwerken angebracht werden. Und natürlich mussten diese Possen, wie alle Teile eines Bauwerks, zuvor entworfen und gezeichnet, »gerissen« werden. Jemand, der Possen reißt, der zeichnet also eigentlich Spaßfiguren.

Wie ein Lauffeuer verbreiten sich sensationelle Nachrichten, »wie das Feuer in einer Zündschnur«. Das sieht insbesondere dann besonders eindrucksvoll aus, wenn die Zündschnur nicht straff ausliegt, sondern viele Windungen aufweist.

Wenn man bei einem Auto **einen Zahn zulegt**, dann »gibt man Gas«. Bei den ersten Autos gab es aber noch keinen Fußgashebel, sondern man gab Gas, indem man von Hand einen Gashebel auf einem Zahnkranz arretierte. Legte man einen Zahn zu, so fuhr das Auto schneller.

Auch die Wendung vom **toten Punkt** ist eine Metapher mit sehr bedeutendem technischem Hintergrund. Wenn z. B. an den Antriebsrädern einer Dampflokomotive früherer Zeiten Pleuelstange und Kurbel eine gerade Linie bildeten, so konnte sich die Pleuelstange weder vor noch zurück bewegen. Eine Lokomotive kam dann ohne fremde Hilfe nicht von der Stelle. Im übertragenen Sinne ist folglich ein »toter Punkt« eine »Situation, in der keine Fortschritte mehr möglich« sind.

8. Wirtschaft und Arbeit

Handel, Handwerk, Landwirtschaft und Seefahrt – auch sie prägten die Welt der Arbeit in früheren Jahrhunderten. Und die Besonderheiten dieser Arbeit, der Stand damaliger Technik, sie haben auch die Redewendungen geprägt, die dieser Welt entstammen.

Handel

Im Bereich des Handels befassen sich einige wohlbekannte Redewendungen mit dem Wert und Gegenwert der Waren sowie dem Mess- und Rechnungswesen.

Als **billigen Jakob** bezeichnet man einen »Händler, bei dem die Waren besonders billig sind«. Solche Händler waren früher besonders auf den Jahrmärkten anzutreffen, die um den 25. Juli, dem Gedenktag des heiligen Jakobus, stattfanden. Der »billige Jakob« war also ein billiger Händler auf einem Jahrmarkt.

Kaufte man Stoff, so waren nicht nur Preise und Stoffqualitäten wichtige Entscheidungskriterien, sondern auch die Elle, mit der der Tuchhändler den Stoff abmaß. Die Elle ist ein altes Längenmaß; sie war konkret ein Stab, mit dem Tuchhändler Stoffe vermaßen. Da es je nach Region sehr unterschiedliche Definitionen von »Elle« gab (z. B. »Abstand zwischen Ellbogen und Mittelfingerspitze«, »doppelter Abstand zwischen Ellbogen und Handwurzel«, »zwei Fuß«) und selbst bei gleicher

Definition die Länge der Ellen zwischen Städten um mehrere Zentimeter variierte, kam es sehr darauf an, mit welcher Elle jeweils gemessen wurde. Die Redewendung **mit gleicher Elle messen** hat hier ihren Ursprung; man verwendet sie in abstrakter Form im Sinne von »etwas oder jemanden gleich bewerten bzw. behandeln«.

Es folgen nun einige lebensnahe Redewendungen aus dem gewerblichen Rechnungswesen. **Bei jemandem in der Kreide stehen** heißt heute »bei jemandem Schulden haben«. Es bedeutet somit genau das, was es auch ursprünglich einmal besagte, als nämlich ein Gastwirt den Verzehr seiner Gäste mit Kreide auf einer Tafel notierte – nur dass sich die Technik der Buchführung deutlich gewandelt hat.

Eine alternative Form des früheren Rechnungswesens, sozusagen eine Form doppelter Buchführung, war das Kerbholz. Auf dem Kerbholz konnten wirtschaftliche Leistungen (Schulden, Arbeitsleistungen, Warenlieferungen etc.) durch Kerben notiert werden. Die Besonderheit des Kerbholzes aber war, dass es sich dabei um ein gespaltetes Brett handelte. Sowohl der jeweilige Schuldner als auch der Gläubiger einer Leistung bekamen eine Hälfte, nachdem jeweils eine neue Kerbe auf dem Brett angebracht worden war. Die Rechnung war somit fälschungssicher. **Etwas auf dem Kerbholz haben** bedeutete aus der Sicht des Schuldners, dass er noch eine Rechnung offen hatte. Im übertragenen Sinne bedeutet die Redewendung heute, dass »jemand etwas Unrechtes getan, womöglich eine Straftat begangen hat«.

In früheren Zeiten, als es keine Transportmittel und Gabelstapler gab, spielten Lastenträger eine große Rolle. Sie trugen die Lasten meist auf der Schulter, die schwereren auf der rechten, die leichten auf der linken Schulter, der »leichten Schulter«. Die darauf zurückgehende Redewendung **etwas auf die leichte Schulter nehmen** bedeutet heute, dass »etwas Wichtiges als nebensächlich behandelt wird«.

Zu den Viehhändlern: Wenn diese zum Beispiel Pferde kaufen oder verkaufen, so spielen das Aussehen der Tiere, ihr Gang und ihre Lebhaftigkeit eine Rolle – aber insbesondere ihr Alter; und gerade letzteres ist den Pferden auch von Fachleuten aus der Distanz kaum anzusehen. Der Test der Pferdehändler besteht deshalb darin, die Zähne der Pferde anzuschauen, weil sie am genauesten Auskunft über das Alter des jeweiligen Tieres geben. Hier setzt die Redewendung **einem geschenkten Gaul schaut man nicht ins Maul** an, die ja besagt, dass man ein »Geschenk zu akzeptieren hat, auch wenn es kleine Mängel hat«. Bezogen auf ein Pferd heißt das: Wenn man es nicht geschenkt bekommt, sollte man das Alter unbedingt überprüfen.

Brachte ein Viehhändler ein Tier, z. B. eine Kuh, zum Metzger, so erhielt er dafür den Kaufpreis. Da der Metzger aber nur an dem Fleisch interessiert war, konnte der Händler die Decke (Fell) des Tieres dem Gerber separat verkaufen. Den Erlös aus dem Verkauf des Fells spendierten die Viehhändler traditionell als »Trinkgeld« ihren Viehknechten, die es dann zweckgemäß vertranken. Heute verwendet man die Redewendung **das Fell ver-**

saufen sehr salopp, wenn nämlich von einem »Umtrunk nach einer Beerdigung« die Rede ist.

Handwerk

Markante Redewendungen verdanken wir auch der Welt des Handwerks, zuweilen sind sie etwas derb, wie halt die Arbeit auch. Häufig knüpfen sie an die traditionelle Technik und Arbeitsweise im jeweiligen Handwerk an.

Zunächst einige Redewendungen, die das Handwerk als solches betreffen, bevor dann solche über spezielle Berufsgruppen folgen. **Jemandem das Handwerk legen** bedeutet, dass »jemandes schlechtem Treiben ein Ende gesetzt wird«. Im Handwerkswesen war damit gemeint, dass die Innung (Zunft) einem Handwerker sein Handwerk (still-)legen konnte, wenn dieser gegen irgendwelche Innungsvorschriften gravierend verstieß.

Jemandem ins Handwerk pfuschen sagt man, wenn »sich jemand in einem Bereich betätigt, für den er nicht zuständig ist«. Handwerklich betätigen durfte sich früher nur, wer Mitglied der Handwerksinnung war (Zunftzwang) und wem die Innung einen Betätigungsbereich zuerkannt hatte. Übte dagegen ein Nichtmitglied der Innung eine handwerkliche Tätigkeit aus, so »pfuschte er ins Handwerk« (Störwerk).

Die saloppe Redewendung **ne Fuffzehn machen** besagt, dass »jemand eine Arbeitspause einlegt«. Die Wendung ist

Berliner Ursprungs und bezieht sich auf die übliche Pause von 15 Minuten, die bei körperlich anstrengenden Arbeiten traditionell nach 45 Minuten Arbeit eingelegt wurde.

Nun zu Redewendungen, die auf spezielle Handwerksbereiche zurückgehen. Es beginnt mit Handwerken, die sich um das Wohl des Menschen, die Herstellung von Kleidung, Lebensmitteln, Schmuck und Möbeln kümmern und es folgen die, die sich auf den Hausbau erstrecken, aber auch einige, die sich auf die Herstellung der dafür jeweils notwendigen Vorprodukte beziehen.

Die kuriose Wendung **jemanden über den Löffel barbieren** bedeutet »jemanden auf plumpe Weise betrügen«. Realer Hintergrund der Wendung ist, dass früher Dorfbarbiere alten, zahnlosen Greisen mit eingefallenen Wangen einen Löffel in den Mund schoben, um die für eine Rasur erforderliche feste Wölbung herzustellen. Ursprünglich bezeichnete die Wendung also die trickreiche, aber reichlich unwürdige Vorgehensweise mittelalterlicher Barbiere. Aufgrund eines Bedeutungswandels kam es dann zur heutigen Bedeutung.

Für die Herstellung von Kleidung war früher Leinen, das aus Flachs hergestellt wurde, ein überaus wichtiger Stoff. Ein Arbeitsschritt bei dessen Herstellung war, dass die Flachsfäden, die von Natur aus verknäuelt sind, geglättet und vom Werg befreit werden mussten. Das geschah dadurch, dass man die Fäden durch eine Art Kamm, die Hechel, zog, deren Zähne aus spitzem, festem Draht bestehen. Die Fäden wurden durchgehechelt. Dieses Bild ist der Ursprung der heutigen Redewendung **jemanden durch die Hechel ziehen,** »über einen Abwesenden mit spitzer Zunge reden«. Man stelle sich nur eine Tratschrunde vor, bei der sich die Teilnehmer die Geschichte eines Opfers spöttisch wie bei einer Hechel »durch die Zähne ziehen« – eine sehr kräftige Metapher.

Werden dann Stoffe gewebt, so stellt sich die Frage, ob die Stoffe nach dem Weben farblich bedruckt werden sollen, oder ob man die Fäden vor dem Weben färbt. Die Redewendung **in der Wolle gefärbt,** mit der man ausdrückt, dass etwas oder jemand »durch und durch« bestimmte Eigenschaften hat, knüpft hier an. Ein Faden, der vor dem Weben gefärbt wurde, ist farbechter als der nachträglich gefärbter Stoffe.

Der Wollfärberei entstammt eine weitere Redewendung: Man spricht vom **blauen Montag** oder, davon abgeleitet, von **blau machen** im Sinne von »einen arbeitsfreien Montag oder Tag einlegen«. Dies hat folgenden Hintergrund: Die mit einem Indigo-Farbstoff gefärbte Wolle ließ man früher den ganzen Sonntag über in einem Tauchbad, um sie montags an der Luft trocknen zu lassen. Erst bei diesem Trocknen kam der Farbstoff voll zur Entfaltung – »machte er voll blau«. An diesem Tag des Wolletrocknens gab es für die Wollfärber weiter nichts zu tun – auch sie »machten blau«.

Nach dem handwerklichen Weben musste bei jedem Stoff eine Qualitätskontrolle gemacht werden, die sich sowohl auf den Faden als auch auf die Webstruktur, den

Strich, bezog. Hierauf bezieht sich die Redewendung **nach Strich und Faden**, die ausdrückt, dass etwas »in jeder Hinsicht« gut ist oder »gründlich« besorgt wird.

Brauchte jemand einen Anzug, so kaufte er einen Stoff und brachte ihn zum Schneider. Der Schneider nahm Maß und vereinbarte Termine für Anproben. Nach der üblichen Anzahl von Anproben war dann ein Anzug fertig. Während dieser gesamten Zeit lag der kostbare Anzugstoff beim Schneider, und es bestand die nicht geringe Gefahr, dass in dieser Zeit z. B. Mäuse über den Stoff herfielen und ihn zerfraßen. Diese mögliche Situation führte zur heutigen Formulierung **da beißt die Maus keinen Faden ab,** mit der damals ausgedrückt werden sollte, dass der Stoff beim Schneider in sicheren Händen war. Heute bedeutet die Redewendung, dass an einer Sache »nicht zu rütteln« ist.

Der Schneider wollte wissen, welche Art Anzug der Kunde wünschte. Insbesondere war es lange Zeit Mode, Hose und Jacke aus verschiedenen Stoffen herzustellen, wie z. B. auch heute noch bei einem »Stresemann«, bei dem die Jacke aus einem unifarbenen, die Hose aber aus einem schwarz-grau-gestreiften Stoff hergestellt wird. Wurden dagegen beide Teile aus demselben Stoff gefertigt, so lautete der Auftrag **Jacke wie Hose.** Das genau ist der Ursprung der heutigen Redewendung, mit der ausgedrückt wird, dass etwas »egal, einerlei« ist.

»Du bist wohl **mit dem Klammerbeutel gepudert**« sagt man, wenn man jemandem mitteilen will, dass er »nicht bei Verstand« ist. Die Redewendung kommt aus der Müllerei. Beim Mahlen von Getreide fällt das Gemahlene in einen Beutel, der sich in einem Mehlkasten befindet. Dieser Beutel heißt »Klammerbeutel«, weil er mit einer Klammer befestigt wird. Während des Mahlens wird dieser Klammerbeutel ständig geschüttelt, damit das Mehl in den Mehlkasten fällt und von der Kleie getrennt wird. Öffnet der Müller den Mehlkasten, so wird er selbst mit feinem Mehlstaub »gepudert« – er ist dann wie benebelt. Bis zur Metapher der geistigen Benebelung ist von hier nur noch ein kleiner Schritt.[7]

Jemand bekommt wieder Oberwasser sagt man, wenn der Betreffende »bestimmte Schwierigkeiten überwunden hat und wieder voll agieren kann«. Die Metapher hat ihren Ursprung bei den für Mühlen wichtigen Wasserrädern, die durch strömendes Wasser angetrieben werden. Aber es gibt dabei drei Varianten von unterschiedlicher Effektivität: Das Wasser kann so an das Wasserrad herangeführt werden, dass es von oben, in der Mitte oder unterhalb der Mitte auf das Rad prallt. In der Müllerei spricht man entsprechend von einem »oberschlächtigen«, »mittelschlächtigen« bzw. »unterschlächtigen Wasserrad«. Häufig kann ein Rad in allen drei Varianten betrieben werden. Da das Wasser beim oberschlächtigen Rad die größte Kraft entwickeln kann, weil es von oben in das Rad fällt, ist dies die effektivste Variante. Sie war aber nur bei hinreichender Verfügbarkeit von Wasser und bei entsprechendem Gefälle des Wasserzulaufs möglich. In Trockenzeiten mit niedrigem Wasserstand im Zulauf musste der Müller auf das in seinem Reservoir angestaute

Wasser zurückgreifen und dessen Schleuse öffnen. Das herausströmende Wasser hatte dann aber nur wenig Gefälle und reichte nur zum Betreiben des Wasserrades mit Unterwasser, das heißt als »unterschlächtiges Rad«.[8]

Wenn man jemandem androht, ihn **durch den Wolf zu drehen**, so will man ihn »hart rannehmen«. Die Formulierung entstammt der Arbeitswelt der Metzger, die ihr Fleisch durch den Fleischwolf drehen, um Hackfleisch daraus zu machen. Die Redewendung bedeutet ja auch – salopp formuliert –, dass man **Hackfleisch aus jemandem machen** will.

Hier liegt wohl auch der Ursprung der Redewendung **jemanden ins Bockshorn jagen**, »jemanden einschüchtern«. Sie geht darauf zurück, dass die Metzger im Mittelalter beim Wurstmachen ein Bockshorn, dessen Spitze abgesägt war, als Trichter verwendeten. Über dieses Bockshorn wurde der zu füllende Darm gestülpt, so dass man die Wurstmasse durch den Trichter einfüllen konnte. Da die Wurstmasse bereits wie durch den Fleischwolf gedreht war, klingt die Drohung der vorherigen Redewendung gleich mit an.

Zu den Grundnahrungsmitteln zählt in Deutschland das Bier. Kein Wunder also, dass es Redewendungen gibt, die sich mit der Herstellung von Bier befassen. »Bei dir ist **Hopfen und Malz verloren**« sagt man von jemandem, bei dem »alle Mühe umsonst« ist. Bier wird gemäß dem Reinheitsgebot nur aus Hopfen, Malz und Wasser hergestellt. Während des Brauvorganges liegt die jeweilige Charge in einem großen Bottich und unterliegt der Kontrolle und Steuerung durch den Braumeister. Geht etwas bei einem Brauvorgang schief, so ist das irreparabel, die kostbaren Zutaten Hopfen und Malz sind dann verloren; die ganze Mühe war umsonst.

Das fertige Bier wurde früher üblicherweise in Fässer gefüllt. Die Herstellung der Bierfässer aus Holz war aber ein eigenes, das Böttcher-Handwerk. Wie das Bier bestanden auch die Fässer eigentlich nur aus drei Dingen: aus Fassdauben, aus dem oberen und unteren Boden (»Rand«) und aus Metallbändern, mit denen die Fassdauben zusammengepresst und -gehalten wurden. Bei der Herstellung wurden die Dauben zunächst in eine Fuge im Boden eingesetzt. Die Fuge war so angelegt, dass die Dauben nicht senkrecht nach oben, sondern schräg nach außen zeigten. Wurden dann die weggespreizten Enden zusammengeführt, so konnte der zweite Boden aufgesetzt und das Fass geschlossen werden. Diese Zusammenführung der Enden erfolgte dadurch, dass der Böttcher die an den Enden aufgesetzten Bänder-Reifen zur Mitte des Fasses hintrieb. Die Dauben standen dann natürlich unter einer enormen Spannung. Sprangen die Dauben aus den Böden und Bändern heraus, bevor die Bänder festgenagelt waren, so gerieten sie **außer Rand und Band** – daher die Redewendung. Die heutige Bedeutung, dass jemand »übermütig und sehr ausgelassen« ist, kommt dem ursprünglichen Bild schon recht nahe.

Auch die folgende Redewendung nimmt Bezug auf den soeben beschriebenen Prozess der Herstellung von Fässern. **Das schlägt dem Fass den Boden aus** sagt man, wenn man ausdrücken will, dass »etwas genug« oder gar »der Gipfel der Frechheit« ist. Beim Böttcher war es genug, wenn die beiden Reifen die richtige Position hatten; trieb er sie zu weit zur Mitte hin, so konnten sich die Böden des Fasses lösen. Ein Schlag zuviel – und genau dies war vielleicht passiert.

Umgekehrt wird ein Schuh draus sagt man z. B., wenn sich »eine Sache genau umgekehrt verhält«. Bei der Herstellung von Schuhen wird das Oberleder so an die Sohle genäht, dass das Werkstück kurz vor Fertigstellung komplett gewendet werden muss.

Damit der Schuh die gewünschte Form erhält, findet die Herstellung auf einem Leisten statt. Und jeder weiß, dass der Sitz eines Schuhs nicht von seinem Design, sondern von der Qualität des jeweils verwendeten Leistens abhängt. Leisten sind folglich eine Kostbarkeit in der Branche der Schuhhersteller; sie enthalten das ganze technische Know-how der fußgerechten Formgebung. Folglich benötigt jeder Hersteller Leisten in allen Größen sowie für Damen und Herren – und vielleicht auch noch in Varianten für schmale und breite Füße. Fertigte ein früherer Schuhmacher dagegen alle Schuhe auf einem Leisten, so war die Passform seiner Schuhe entsprechend. Wenn man heute sagt, dass jemand **alles über einen Leisten schlägt**, so sagt man damit kritisch, dass jemand »alles gleich behandelt, ohne sachlichen Unterschieden gebührend Rechnung zu tragen«. Die

Redewendung schöpft das zugrunde liegende Bild weitgehend aus.

Gerbereien liefern das Leder, auch für die Schuhherstellung. Und die traditionelle Lohgerberei war handwerklich und nicht fabrikmäßig organisiert. Statt Chemikalien wurde beim Gerben Lohe benutzt, eine Substanz, die aus der abgeschälten Rinde junger Eichenholzstämme gewonnen wurde. Das Wässern der frisch gegerbten Kuhhäute oder Schaffelle fand in der Regel im nächstgelegenen Bach statt. Dabei konnte es passieren, dass – zum Beispiel nach einem heftigen Regenguss – der Bach anschwoll und die zum Wässern hineingelegten Felle davonschwammen. **Jemandem schwimmen die Felle davon** nimmt hierauf Bezug. Die Redewendung drückt diesen Inhalt exakt aus – wenngleich in abstrahierter Form: »Jemandes Hoffnungen zerrinnen.«

Bei der Herstellung von Schmuck stehen Gold und Edelsteine im Mittelpunkt. Wo immer es um Gold geht, ist zunächst zu klären, ob etwas, das als Gold bezeichnet wird, auch wirklich Gold ist – gemäß der Lebenserfahrung: »Es ist nicht alles Gold, was glänzt.« Die Chinesen nahmen Goldmünzen zwischen die Zähne, um zu überprüfen, ob sie auch wirklich aus reinem Gold bestanden, die Europäer machten eine Feuerprobe. Die Redewendung **die Feuerprobe bestehen** bedeutet entsprechend, dass »jemand sich zum ersten Mal in der harten Realität ohne fremde Hilfe bewähren muss«.

Einem ähnlichen Test werden beim Juwelier oder beim

Edelsteinhändler die Edelsteine, zum Beispiel die Brillanten, unterzogen. Der Reinheitstest erstreckt sich dabei darauf, ob ein Stein etwa kleine Brüche oder Einschlüsse enthält, vielleicht auch nur die letzte Reinheit vermissen lässt. Das Ergebnis eines solchen Tests drücken die Fachleute in ihrer Sprache aus, wobei es für die einzelnen Qualitätsstufen besondere Bezeichnungen gibt. Heute verwendet man dazu eine siebenstufige Rangfolge, die von »1. lupenrein (internally flawless)« bis »7. Einschlüsse vermindern die Brillanz deutlich (Piqué 3)« reicht. Früher aber gab es eine Abstufung, bei der die Reinheitsgrade »erstes, zweites, drittes Wasser« sowie »reinstes Wasser« hießen. Die Redewendung **reinstes Wasser** oder **von reinstem Wasser** knüpft an diese Terminologie an, sie bedeutet, dass jemand »bestimmte Qualitäten ohne Einschränkung, also durch und durch besitzt«.

Beim Hausbau unterscheidet man zwei große Bauphasen, die Erstellung des Rohbaus und den Innenausbau. Die erste Phase wird in Deutschland traditionell mit dem Richtfest abgeschlossen. Heute werden Häuser meist in Stein, traditionell »Stein auf Stein«, gebaut, obwohl andere Techniken an Zahl gewinnen. Früher war jedoch der Fachwerkbau eine wichtige, in manchen Regionen die dominante Form des Hausbaus. Das Fachwerkgerippe war dabei die tragende Konstruktion, die Fächer eines Fachwerks wurden in der Regel mit Lehm ausgefüllt, wobei dem Lehm meist Reisig oder Stroh zur Festigung beigefügt wurde. Stand die Fachwerkkonstruktion eines Hauses, so konnte das Dach aufgesetzt werden – und dann war der Rohbau fertig, konnte

Richtfest gefeiert werden. Das Haus war **unter Dach und Fach**. Wenn man heute »etwas unter Dach und Fach bringen« will, dann will man es »zum glücklichen Abschluss bringen« – eine abstrakte Variante der alten Redensart der Zimmerleute.

Man sagt, dass **jemand über die Schnur haut**, wenn er »die Grenzen des Erlaubten übermütig überschreitet«. Auch diese Redewendung kommt von den Zimmerleuten. Statt mit dem Bleistift markieren sie manche Linien mit einer Schnur. Dazu spannen sie eine mit Rötel getränkte Schnur und lassen diese gegen das Holz, zum Beispiel einen Balken, schnellen, so dass sich eine rote Linie genau abzeichnet. Entlang dieser Linie können sie dann das Holz bearbeiten. Schlagen sie aber über die Schnurlinie hinaus, so ist der bearbeitete Balken nicht maßgerecht.

Aufgabe der Maurer ist es, die Mauern in jeder Hinsicht senkrecht zu mauern. Bei jedem einzelnen Stein muss der Maurer dies überprüfen. Dazu verwendet er sein Senklot, eine Schnur, an der ein Bleikonus befestigt ist, der exakt die Senkrechte anzeigt. Wird ein Stein falsch gesetzt und zeigt das Lot dies an, so muss der Maurer den Stein wieder ins Lot bringen. Wenn man sagt, man müsse **jemanden wieder ins rechte Lot bringen**, dann will man »ihn zur Vernunft bringen« – eine abstrakte Verwendung der Redensart der Maurer.

Die Redewendung **jemanden in den Senkel stellen** nimmt auf den gleichen Vorgang im Maurerhandwerk

Bezug, allerdings ist der Ton der Wendung deutlich rauher, es geht nämlich darum, »jemanden scharf zurechtzuweisen«. In der Redewendung ist die Wortbedeutung »Senkel« für Senkblei erhalten geblieben – wie sonst nur noch in der Schweiz; in Deutschland ist ein Senkel heute ein Schnürband.

Die folgenden zwei Redewendungen kommen aus der Metallverarbeitung. Ein Produkt ist **wie aus einem Guss**, wenn es in Bezug auf seine Gestaltung makellos, vollkommen ist. Im Gießereigewerbe wird flüssiges Metall in eine Form gegossen. Das Endprodukt ist dann so nahtlos wie vorher seine Form.

Jemand hat zwei Eisen im Feuer sagt man, »wenn sich jemand mehr als eine Möglichkeit offen hält« – zum Beispiel zwei Freundinnen gleichzeitig. Die Schmiede halten deshalb in der Regel zwei (oder mehr) Eisen im Feuer, weil das Erwärmen des Metalls vielleicht in Relation zum Schmiedevorgang lange dauert und der Schmied nicht ständig untätig warten will, bis das zu schmiedende Metallstück heiß genug ist. Eine konkurrierende Auffassung besagt, dass die Redewendung von den Büglerinnen kommt, die sinnvollerweise stets auch mehrere Bügeleisen im Feuer hatten.

Landwirtschaft

Plastisch sind die Redewendungen, die der Landwirtschaft entstammen. Viele davon haben einen Bezug zu den Nutztieren: zu Kühen, Ochsen, Schafen, Pferden. Und oft knüpfen sie an die Arbeit mit diesen Tieren an – und an Ereignisse, die dabei auftreten.

So spricht man davon, dass man **eine Kuh vom Eis holen** muss, wenn es darum geht, »ein größeres Problem zu lösen«. Städter halten diese Redewendung vielleicht für künstlich, für schlicht konstruiert. Aber weit gefehlt; die ihr zu Grunde liegende Situation ist zwar äußerst selten, aber durchaus realistisch und dann prekär. Immer wieder ist es mal vorgekommen, dass Kühe sich aufs Eis verirrt haben, z. B. wenn sie im langen Winter zu ihrer Bewegung aus den Ställen gelassen werden. Betritt eine Kuh dann einen zugefrorenen Teich oder See, so besteht die Gefahr, dass sie einbricht und ertrinkt bzw. erfriert oder ausrutscht und sich schwer verletzt – und diese Gefahr wird in der Regel auch noch größer, wenn der Bauer ihrer gewahr wird und versucht, »sie wieder vom Eis zu holen«. Nur für die Fantasie sei daran erinnert, dass Kühe gelegentlich auch mal Eisschollen betreten haben, die in genau dem Moment abgebrochen und langsam in den See hinaus geschwommen sind. Die Redewendung hat also Substanz – und zugleich Unterhaltungswert; denn das, was alles passieren kann, wenn der Rettungsversuch misslingt, kann sich jeder gut vorstellen.

Damit Kühe nicht ständig ihrer Wege gehen und man sie später dann lange suchen oder vom Eis holen muss, kann man ihnen einen Klotz ans Bein binden, der dann ihre Bewegungsfreiheit beträchtlich einschränkt. Im Alltag sagt man, dass **sich jemand einen Klotz ans Bein bindet**, »wenn er sich etwas aufbürdet«.

Den Rahm abschöpfen ist gleichbedeutend mit »die Rosinen aus dem Kuchen picken«; aber viele haben die Situation nicht mehr vor Augen, die dieser Redewendung zu Grunde liegt. Denn heute werden Kühe in der Regel mit Melkmaschinen gemolken; die Milch gelangt direkt in hygienische Behälter, wird gekühlt und zur Molkerei gebracht. Früher war das anders. Die Kühe wurden von Hand gemolken und die Milch floss in einen Eimer, der in eine Kanne entleert wurde, die in einem Kühlbecken von fließendem Wasser gekühlt wurde. Dann wurde die Milch zur Molkerei gebracht oder ab Hof verkauft. Und genau bevor das geschah, hatte ein unehrlicher Bauer die Möglichkeit, Rahm mit einer Schöpfkelle abzuschöpfen; denn wenn er das nicht übermäßig tat, wurde sein Schwindel in der Regel nicht bemerkt.

Früher gab es keine Mähmaschinen. Alles Gras oder Getreide musste mit der Sense oder Sichel geschnitten werden. Und da Sense oder Sichel dabei dicht über den Boden strichen, trafen sie gelegentlich auf einen Stein, der dann eventuell eine Scharte in die Klinge schlug, wodurch die Klinge stumpf wurde. Der Bauer musste dann versuchen, mit einem Wetzstein **die Scharte aus-**

zuwetzen; in der Alltagssprache wurde daraus »einen Fehler wieder gutmachen«.

Ein besonderes Ereignis in den alpenländischen Regionen ist jedes Jahr der Almauftrieb. Da es meist bis um Pfingsten dauert, bis der letzte Schnee geschmolzen und das Gras hinreichend gewachsen ist, findet er um Pfingsten statt. Dies ist für alle Bauernhöfe ein besonderes Ereignis und deshalb wird aus diesem Grunde traditionell eine Leitkuh oder ein Ochse besonders schön geschmückt. Dies ist der Hintergrund der Redewendung **geschmückt wie ein Pfingstochse,** mit der man gerne – belächelnd – ausdrückt, dass sich jemand »übertrieben herausgeputzt« hat.

Ochsen spielten in der kleinbäuerlichen Landwirtschaft als Zugtiere eine große Rolle. Einige anschauliche Redewendungen haben dort ihren Ursprung. So spricht man davon, dass jemand **ein Brett vorm Kopf** hat, wenn er »begriffsstutzig« ist. Wenn ein Ochse begriffsstutzig war, dann war er eigenwillig, störrisch; um ihn gefügig zu machen, band man ihm ein Brett vor die Stirn, so dass er kaum noch etwas sehen konnte – ähnlich den Pferden, denen man Scheuklappen umbindet.

Wird der Ochse als Zugtier eingesetzt, so bekommt er ein Arbeitsgeschirr, das in verschiedenen Regionen Deutschlands unterschiedliche Bezeichnungen hat. **Er legt sich ins Zeug** heißt, dass »sich jemand anstrengt«. Das genau tut ein Ochse, der einen schweren Wagen oder Karren zieht, er legt sich in sein Geschirr, »ins Zeug«. **Was das**

Zeug hält bedeutet entsprechend, dass etwas mit größtmöglicher Anstrengung getan wird, so wie die Ochsen oder Pferde, die dies mit aller Kraft tun.

Die folgenden Redewendungen knüpfen an Varianten an, bei denen diese größt*mögliche* Anstrengung überschritten wurde. **Wenn alle Stricke/Stränge reißen** sagt man, wenn »alle Möglichkeiten ausgeschöpft« sind, wenn das Zeug nicht gehalten hat. Das aber genau ist der Fall, wenn ein Ochsenkarren fest sitzt und wenn die Ochsen so große Anstrengungen unternehmen, dass das Zeug, die Stricke/Stränge reißen.

In Norddeutschland bezeichnet man das Geschirr für die Ochsen als »Siele«. Die Redewendung **in den Sielen sterben** beschreibt somit ursprünglich den Fall, dass Zugtiere sich so sehr überanstrengen, dass sie im Geschirr der Tod ereilt, was durchaus vorkommen kann.

Zu dieser realen Situation passt dann auch die Redewendung **in die Speichen greifen**. Das in der Tat mussten die Fuhrleute, wenn ein Wagen fest saß; der Vorteil des In-die-Speichen-Greifens war aber auch, dass man dabei eine gute Hebelwirkung und einen besseren Halt hatte, als wenn man versuchte, einen Wagen aus einer Mulde heraus zu schieben.

Eine schwere Arbeit für Fuhrleute war es früher, gefälltes Holz aus dem Wald zu transportieren. Das ging nur, wenn der jeweilige Wald durch Wege erschlossen war. Solche Wege wurden teilweise zu keinem anderen Zweck angelegt, das heißt, sie endeten irgendwo im Wald. Wenn nun Wanderer, die sich im Wald verirrten, auf einen solchen Weg stießen, dann konnte es ihnen passieren, dass er sie nicht etwa zu ihrer gesuchten Hauptstraße zurückführte, sondern vielmehr mitten in den Wald. Ein solcher Wanderer war dann **auf dem Holzweg;** entsprechend drücken wir mit unserer Redewendung aus, dass jemand »fehlgeht, im Irrtum ist«.

Prägnant ist die Redewendung vom **schwarzen Schaf.** Man spricht im übertragenen Sinn vom »schwarzen Schaf in der Familie«; das ist das Familienmitglied, das »aus der Art geschlagen« ist, das das gute Image der Familie beschädigt. Und genau das tut auch das schwarze Schaf in einer Schafherde. Denn die Schafe werden primär ihrer Wolle wegen gehalten und deshalb ist jeder Schäfer an einheitlich weißer Wolle interessiert. Hat er ein schwarzes Schaf, so muss diese Wolle separat gehalten und kann allenfalls für spezielle Zwecke verwandt werden. Insgesamt stört also das schwarze Schaf in einer Herde.

Die Schafe von den Böcken scheiden sagt man, wenn es darum geht, »gut und böse voneinander zu trennen«. In der Schafzucht müssen die männlichen von den weiblichen Schafen getrennt werden, um anschließend die kräftigsten und gesündesten Böcke für die Zucht auswählen zu können. Schon in der Bibel ist diese Redewendung dokumentiert; Jesus sagte (Matthäus 25, 32): »Und er wird sie voneinander scheiden, gleichwie ein Hirt die Schafe von den Böcken scheidet, und er wird die Schafe zu seiner Rechten stellen und die Böcke zu seiner Linken.«

Sein Schäfchen ins Trockene bringen, das tut jemand, der sich einen Vorteil verschafft, ohne dabei auf das Wohl anderer Rücksicht zu nehmen. Das zugrunde liegende Bild ist vorstellbar, wenn Überschwemmungen, Hochwasser eintreten. Aber es könnte auch sein, dass ein Hirte seine Schafe auf höher gelegenes Land bringt, »um sie vor der Seuchengefahr durch den in sumpfigen Gebieten lebenden Leberegel zu schützen«.[9]

Ungeschoren davonkommen heißt »keinen Schaden erleiden«; die Redewendung geht auf die Schafschur zurück. Wer einmal beobachten konnte, wie heftig Schafe sich sträuben, um ihrer jährlichen Schur zu entgehen, der versteht sofort, dass die Schafe die Schur offenbar als große Unannehmlichkeit ansehen. Vor der Schur muss das Schaf eingefangen werden. Dazu treibt man die Herde in eine Umzäunung, die nur einen Ausgang hat – an dem dann die Schur vollzogen wird. Auf diese Weise entgeht an sich kein Schaf der Herde dieser Prozedur. Die Redewendung aber dokumentiert, dass Schafe es manchmal trotzdem verstehen, der Prozedur zu entkommen.

Anders ist es, wenn der Schäfer mit Unterstützung seines Hundes die Herde von einer Weidefläche zur andern führt. Zuweilen muss er dann ein Tier in Augenschein nehmen, z. B., weil es hinkt. In diesem Falle nimmt er seinen Hirtenstab, auf den er sich sonst stützt, um ein Schaf einzufangen, um es **an den Hammelbeinen zu kriegen.** Der Hirtenstab hat nämlich einen Haken. Wenn der Schäfer ein Schaf fangen will, so muss er nur mit seinem Stab nach einem Hinterbein des Schafes langen; der Haken legt sich um den schlanken Unterschenkel des Schafes und gleitet daran nach unten; sobald die Öse die Verdickung des Fußes erreicht, setzt sich der Fuß in der Öse fest und ermöglicht dem Schäfer, das Schaf zu Boden zu werfen und zu fangen, ohne es zu verletzen. Die Redewendung besagt im Alltag, dass »jemand scharf zurechtgewiesen« wird, das heißt er wird »gehindert, sein bisheriges Tun fortzusetzen«.

Die Redewendung ihn **sticht der Hafer** nimmt Bezug auf die Ernährung der Pferde. Hauptnahrungsmittel der Pferde ist Heu; aber als Zusatz wird ihnen gelegentlich etwas Hafer gegeben. Wenn diese Beigabe zu groß ist, dann werden die Pferde überaktiv, gehen einem Reiter durch oder stellen sich auf die Hinterbeine. Man könnte auch sagen, das Pferd wird übermütig – und das genau bedeutet die Redewendung, dass nämlich »jemand übermütig ist«.

Die Hyperaktivität eines Pferdes kann sich aber auch darin äußern, dass es mit seinen Hinterbeinen ausschlägt, zum Beispiel dann, wenn es angeschirrt ist und einen Wagen oder eine Kutsche zieht. Dann kann es passieren, dass es **über die Stränge schlägt,** über das Geschirr hinaus – mit der Folge, dass das betreffende Bein dann außerhalb des Geschirrs landet und der Fuhrmann anhalten muss, um das Bein erst wieder zwischen die

Stränge zu bringen. Wer über die Stränge schlägt, der »tut im Übermut etwas Unerlaubtes«.

Das Zaumzeug ist das Geschirr, das einem Pferd ins Maul gelegt und über den Kopf gebunden wird, um es zügeln und kontrollieren zu können. Löst sich das Zaumzeug, so gerät das Pferd »außer Kontrolle«. **Jemanden im Zaume halten** bedeutet, dass jemand genau dies zu verhindern versucht – im übertragenen Sinne.

Seefahrt

Die Schifffahrt ist eine eigene Welt mit vielen speziellen Dingen, die die Ausstattung von Schiffen ausmachen. Die Arbeit mit diesen Dingen hat auch Redewendungen hervorgebracht. Überträgt man diese in die übrige Welt und deren Alltag, so wirken sie meist sehr markant.

Am Ruder sein bedeutet, dass man »das Sagen, die Macht hat«. Die Wendung kommt aber nicht vom Rudern im Ruderboot, sie bezieht sich auf das Steuerruder von Schiffen. Wer am Ruder ist, der bestimmt den Kurs.

Man sagt, dass jemand **wieder auf Deck** ist, wenn er »wieder gesund« ist. Die Seemannssprache ist der Ursprung dieser Wendung. Sie spielt darauf an, dass Seekranke gewöhnlich unter Deck gehen, nämlich möglichst in die Nähe des Mittelpunktes eines Schiffes, weil dort die Schwankungen um Längs- und Querachse am geringsten ausfallen, so dass eine bestehende Seekrankheit sich vielleicht nicht weiter verschlimmert.

Versetzt man sich in die Zeiten stolzer Großsegelschiffe, so waren pralle Segel ein imponierender Anblick. Und schaute man vom Deck in die Höhe, so sah man in der Regel zahlreiche Matrosen an Mast und Segeln, die gemäß den Anweisungen des Kapitäns das Ein- und Ausrollen der Segel überwachten. Mit diesem Bild vor Augen klingt die Aussage, jemand habe **Matrosen am Mast,** völlig harmlos. Und das ist Absicht. In der derben Matrosensprache soll mit der anschaulichen Formulierung nämlich kaschiert gesagt werden, dass ein Seemann Filzläuse hat.

In einem Ausguckkorb an der Spitze des Mastes eines Segelschiffes, dem Krähennest, war früher ein Matrose mit einem Fernrohr. Der hielt Ausschau nach anderen Schiffen, nach Vögeln und nach Land. Sein Fernrohr war in der Seemannsprache der Kieker. Wenn also der Matrose im Ausguck **jemanden auf dem Kieker** hatte, dann hieß das eigentlich nur, dass er etwas Berichtenswertes entdeckt hatte. Im heutigen übertragenen Sinne aber bedeutet die Wendung »jemanden sehr kritisch beobachten«.

Jemandem den **Wind aus den Segeln nehmen** bedeutet, dass man »einem Gegner die Grundlage seiner Argumentation oder seines Vorgehens entzieht«. Man kennt das von Segelwettkämpfen, dass Boote, die sehr dicht beieinander liegen, sich gegenseitig den Wind aus den Segeln nehmen. In Zeiten, da auch Kriegsschiffe noch mit Segeln angetrieben wurden, konzentrierten sich die Kämpfe zuweilen hierauf. Schaffte man es nämlich bei einem Seegefecht, ein gegnerisches Schiff in den Windschatten zu legen, so war das Schiff manövrierunfähig und konnte leicht abgeschossen oder zur Beute gemacht, geentert werden.

In aller Regel ließ der Kapitän eines manövrierunfähigen Schiffes **die Segel streichen**, also einholen. Das war das Zeichen seiner Kapitulation. In diesem Sinne verwendet man heute die Redewendung – als Ausdruck der »Aufgabe eines Widerstandes«. Im gleichen Sinne sagt man aber auch **die Flagge streichen**. Wenn auch die Bedeutung dieser Redewendung die gleiche ist, so ist der seemännische Hintergrund ein wenig anders. Die Flagge eines Schiffes zeigt die Nationalität eines Schiffes an, eventuell auch, zu welcher Reederei das Schiff gehört. Das Streichen der Flagge gegenüber einem Angreifer signalisiert dann quasi, dass das Schiff zu einer »herrenlosen Sache« gemacht wird, über die der Gegner verfügen kann, und nicht nur, dass man sich wegen Manövrierunfähigkeit ergibt.

Mit allen Wassern gewaschen ist jemand, der »alle Tricks kennt«. In der Sprache der Seeleute wurde damit ausgedrückt, dass ein Seemann sehr erfahren war, dass er auf vielen Meeren gesegelt war.

9. Sport und Spiele

Bei Sport und Spielen geht es meist lebhaft zu. Beide werden mit großem Engagement betrieben, was sich auch an den dabei entstandenen plastischen Redewendungen zeigt.

Sport

Zunächst eine olympische Redewendung, nämlich **Lorbeeren ernten**; schon bei den klassischen Wettkämpfen im griechischen Delphi bekam der Sieger einen Lorbeerkranz.

Einige Redewendungen ranken darum, dass bei verschiedenen Wettkämpfen über den Sieg erst auf der Ziellinie entschieden wird. **Ein totes Rennen** ist ein Rennen, bei dem im Ziel ein Sieger nicht ermittelt werden kann. Insbesondere die Buchmacher sprechen beim Pferderennen dann davon, dass ein Rennen »tot« ist. Im Alltag drückt man damit aus, dass eine »Angelegenheit unentschieden endet«.

Bis zum Abwinken sagt man, wenn man bei etwas »bis zum Schluss und eventuell bis zum Überdruss durchhalten« muss – in Anspielung auf Rundstreckenrennen über viele Runden, bei denen den Teilnehmern das Ende des Rennens durch Abwinken signalisiert wird.

Zwei interessante Redewendungen stammen aus der Sprache der Radrennfahrer. Man sagt, dass jemand **von der Rolle gekommen** ist, wenn er irgendwo »den Anschluss verloren« hat. Beim Steherrennen fährt jeweils ein Motorradfahrer mit breit gepolsterten Schultern vor dem Radrennfahrer her und gibt ihm Windschatten. Am Ende des Motorrads ist in voller Breite eine Rolle angebracht, die der Radrennfahrer optimalerweise berührt, um den Windschatten voll nutzen zu können. Dazu muss er absolut das gleiche Tempo fahren wie das Motorrad. Das verlangt große Kraft, Konzentration und Können.

Man sagt, dass **jemand jemandes Wasserträger ist**, wenn »er für den anderen wichtige Hilfsdienste erfüllt«. Bei Radrennen über lange Strecken müssen die Radrennfahrer viele Liter Wasser trinken, die aber unnötiger Ballast wären, wenn sie der Radrennfahrer mitführen würde. Deshalb wird Wasser von den begleitenden Versorgungsfahrzeugen transportiert, muss jedoch eventuell bei dem Versorgungswagen einer Mannschaft abgeholt werden. Wichtige Radrennfahrer, wie z. B. die Mannschaftskapitäne, haben dann Wasserträger, die ihnen das Wasser bringen und sie von diesen Zusatzanstrengungen entlasten.

Zwei gängigen Redewendungen sieht man nicht an, dass sie vom Fechten kommen. **Sich eine Blöße geben** sagt man, wenn »sich jemand selbst bloßstellt, sich blamiert«. Beim Fechten ist damit gemeint, dass jemand seine Deckung aufgibt, so dass ihn der Gegner mit seiner Klinge treffen kann.

Auch die Redewendung **jemandem Sand in die Augen streuen** kommt aus dem Fechtsport früherer Zeiten. Es soll der üble Trick angewandt worden sein, dem Gegner Sand in die Augen zu werfen, um ihn kampfunfähig zu machen. Umgangssprachlich abstrahiert die Redewendung hiervon und bedeutet nur noch, dass jemand »böswillig getäuscht« wird.

Er geht in die Vollen sagt man, wenn sich jemand »für eine Sache mit ganzer Kraft einsetzt«. Die Redewendung kommt vom Kegeln. Wenn alle neun Kegel aufgestellt sind, dann geht der Kegler mit seinem Wurf »in die Vollen«.

Drei farbige Redewendungen kommen aus der Welt des Boxens. **Ein Schlag unter die Gürtellinie** ist beim Boxen verboten, weil unmittelbar gesundheitsgefährdend. Auch im Alltag meint die Redewendung, dass jemand einen »unfairen Angriff« startet.

Das Handtuch werfen, das tut der Betreuer eines Boxers, wenn dieser so schwer angeschlagen ist, dass er selbst zur Aufgabe des Kampfes unfähig ist. Der Betreuer wirft dann ein Handtuch in den Ring. In der Alltagssprache bedeutet die Redewendung ebenfalls, dass ein Kampf aufgegeben wird, aber auch, dass diese Aufgabe symbolisch mitgeteilt wird.

Im Normalfall versuchen Boxer und Betreuer, den Kampf **über die Runden zu bringen.** Beim Boxen bedeutet das zunächst einmal nur, nicht k. o. zu gehen oder vorzeitig aufzugeben. Über Sieg oder Niederlage ist damit noch nicht entschieden. Auch in der Umgangssprache bedeutet die Redewendung, dass »jemand ohne deutliche Niederlage etwas durchsteht«.

Eine markante Redewendung verdanken wir dem Fußball. **Die »Arschkarte« ziehen** heißt in reichlich derber Formulierung »jemanden hart bestrafen«. Die Wendung ist gleichwertig mit »jemandem die rote Karte zeigen«. Die rote Karte, die einem Fußballspieler wegen grobem Regelverstoß oder grober Unfairness gezeigt wird, bedeutet, dass er vom weiteren Spiel ausgeschlossen ist. In den 70er Jahren, als diese Regel im Fußball eingeführt wurde, war das Fernsehen großenteils noch Schwarz-Weiß-Fernsehen – mit der Folge, dass die Zuschauer nicht unterscheiden konnten, ob der Schiedsrichter einem Spieler die gelbe oder rote Karte zeigte. Um diese Unterscheidungsmöglichkeit dennoch zu bieten, steckten die Schiedsrichter die gelbe Karte in ihre Brusttasche, die rote Karte in die hintere Hosentasche.

Spiele

Einige alltägliche Redewendungen entstammen der Sprache der Kartenspiele, vor allem des Skatspiels. **Farbe bekennen** bedeutet dort, dass »eine Karte der verlangten Farbe ausgespielt werden muss«. Im Alltag bedeutet die Redewendung, dass »jemand seine Meinung offen sagt, mit seiner Meinung herausrückt«.

In der Hinterhand sein bedeutet beim Kartenspiel, dass man als Letzter einer Runde seine Karte ausspielen kann. Die Redewendung bedeutet in der Umgangssprache analog, dass sich »jemand als letzter einer Runde und in Kenntnis des Vorhergesagten zu etwas äußern« kann.

Aus dem Schneider sein heißt beim Skatspiel, dass man eine bestimmte Punktzahl erreichen muss, um »aus dem Schneider« zu sein, um zwar geschlagen, aber nicht hoch geschlagen zu werden. Die Redewendung bedeutet im Alltag, dass jemand »eine schwierige Situation gemeistert« hat.

Ähnlicher Herkunft ist die Redewendung **das ist die halbe Miete** in der Bedeutung »das ist schon der halbe Sieg«. Beim Skatspiel nennt man es »die halbe Miete«, wenn eine Partei die Hälfte der für den Spielgewinn erforderlichen Augen mit einem Stich erzielt.

Eine Volte schlagen bedeutet beim Kartenspiel, dass jemand durch trickreiches Mischen eine bestimmte Karte an eine bestimmte Stelle mischt, so dass sie ein bestimmter Spieler bekommt. In der Alltagssprache ist daraus geworden, dass »jemand irgendwobei einen raffinierten Kniff oder Trick anwendet«.

Ei, der Daus verwenden wir – als Ausdruck des Erstaunens – ohne zumeist zu wissen, was ein Daus denn überhaupt ist. Im alten Deutschen Kartenspiel war der Daus eine dem As entsprechende hohe Spielkarte und folglich sehr begehrt.

Auch die Redewendung **Schwein haben** im Sinne von »Glück haben« hat hier ihren Ursprung. Denn auf der höchsten Karte, dem »Schellendaus«, war ein Schwein abgebildet. In derber Stammtischsprache war dann folglich von der »Schellensau« die Rede.

Wenig bekannt ist auch die Herkunft der Redewendung **jemandem Paroli bieten** – im Sinne von »jemandem oder einer Sache wirksam entgegentreten«. Auch sie kommt aus der Sprache eines Kartenspiels, des weniger bekannten »Pharo«. Jemand, der beim Pharo im Spiel bleiben will, muss »Paroli bieten«, das heißt »dagegenhalten und den Einsatz verdoppeln«.

Auch dem Mühle-Spiel verdanken wir eine bildhafte Redewendung. Wir sagen, dass **jemand in der Zwickmühle steckt**, wenn es für ihn »keinen Ausweg mehr gibt«. Beim Mühle-Spiel bedeutet »Zwickmühle«, dass ein Spieler mit dem Öffnen einer »Mühle« zugleich eine andere »Mühle« schließt, so dass der Gegner jedes Mal einen weiteren Stein verliert – ohne etwas dagegen tun zu können.

Die Redewendung **einen Stein im Brett haben**, »bei jemandem große Sympathie genießen«, kommt von einem mittelalterlichen Würfel-Brettspiel, dem »Tricktrack«, das auch »Wurfzabel« oder »Puff« genannt wurde – und ein direkter Vorläufer des heutigen »Backgammon« ist.

Kinderspiele

Bäumchen wechsle dich ist eine Metapher aus der Welt der Kinder, von Erwachsenen benutzt, um etwas für Kinder Unverständliches zu sagen. Denn die Erwachsenen drücken damit aus, dass die Partner beim Sex getauscht werden. In der Kinderwelt ist »Bäumchen wechsle dich« ein Spiel, bei dem alle Mitspieler außer einem an einem Baum stehen. Auf Kommando des Mitspielers ohne Baum müssen alle den Baum wechseln und der Kommandogebende versucht, sich selbst einen Baum zu sichern, so dass nun ein anderer das ungeliebte Kommando übernehmen muss.

10. Volksmund und Volksglaube

Bei zahlreichen Redewendungen, die der Volksmund, teilweise auch der Volksglaube, kreiert haben, kann man sich sehr gut eine Nähe zu einem deutschen Stammtisch vorstellen.

Am Stammtisch geht es feucht zu, weil man sich gerne **einen hinter die Binde gießt,** »etwas trinkt«. Mit Binde ist dabei ganz einfach der Binder, die Krawatte gemeint – so harmlos.

Eine wichtige Funktion von Stammtischen ist, dass gelacht wird. Bei entsprechender Stimmung sagt dann jemand vielleicht **ich lach mir einen Ast.** Ast hatte früher auch die Bedeutung von Buckel. Jemand, der sich einen Ast lacht, der »krümmt sich vor Lachen«, und zwar so sehr, dass man glauben könnte, er habe einen Buckel.

Einige Redewendungen, die der Volksmund kreiert hat, sind bei genauerem Hinsehen ordinär. Die bekannte Redewendung **jemanden durch den Kakao ziehen** klingt nämlich nur so lange harmlos, wie man nicht weiß, was mit »Kakao« eigentlich gemeint ist – nämlich »Kacke«.

Ähnlich verhält es sich, wenn jemand seinen Stammtischbrüdern lauthals mitteilt, dass er mal **sein Kartoffelwasser abgießen** muss. Dieser betreffende Herr ist dann nämlich auf dem Weg zur Toilette.

Wenn die Herren Stammtischler mit ihrer Arbeit an den Gläsern fortfahren und andere durch den Kakao ziehen, dann erfährt man vielleicht irgendwann, dass eine bestimmte Person **keinen Pappenstiel wert** ist, also »nichts wert« ist. Der Pappenstiel ist der Stiel eines Löwenzahns – niederdeutsch einer »Papenblume«. Der Name kommt daher, dass ein verblühter Löwenzahn, der seine Samenstände verloren hat, so aussieht wie der Kopf eines Pfaffen mit Tonsur.

Über eine andere Person wird vielleicht berichtet, dass sie wie **Graf Koks** persönlich aufgetreten sei, nämlich »übertrieben fein gekleidet«. Aus Berlin kommt diese Redewendung und spielt auf die Vollzugsbeamten der städtischen Gaswerke an, die als Teil ihrer Dienstkleidung einen Koks, den auch als Melone bezeichneten steifen runden Hut, zu tragen pflegten und damit etwas »overdressed« wirkten.

Sicherlich erhält in solch einer Runde irgendeine Person das Etikett, sie sei ein **blutiger Laie**, ein »völliger Neuling auf einem Gebiet«. Das Attribut blutig hat in diesem Fall nichts mit Blut zu tun; vielmehr war bei der Wortschöpfung Volksetymologie im Spiel, die aus dem mittelhochdeutschen »bloedic« (»zaghaft, einfältig«) das heutige »blutig« entstehen ließ.

Eine andere, in diesem Fall weibliche Person wird von den Herren Stammtischlern als **aufgedonnert** charakterisiert. Dabei muss darauf hingewiesen werden, dass die Redewendung nichts mit Blitz und Donner zu tun hat.

Es war vielmehr wiederum Volksetymologie im Spiel, die aus der lateinischen »donna« für Dame eine aufgedonnerte, also eine »aufdringlich herausgeputzte Person« gemacht hat.

Eine Person wird vielleicht als **Ausbund von** Tugend beschrieben, das heißt als jemand, der sich »durch eine bestimmte Eigenschaft, z. B. durch Tugendhaftigkeit, besonders auszeichnet«. Hintergrund der Redewendung ist ein alter Kaufmannsbrauch, wonach bei einer Warenlieferung ein Musterexemplar dieser Ware außen angebunden wurde, der »Ausbund«.

Zwischendurch sagt natürlich auch mal jemand **weiß der Kuckuck,** wenn er sich etwas überhaupt nicht erklären kann. »Weiß der Kuckuck« steht für »weiß der Teufel«; der Betreffende wagt aber erst gar nicht, diesen persönlich beim Namen zu nennen, sondern nimmt Zuflucht bei einem Pseudonym.

Bei einer anderen Angelegenheit mag ein **Pferdefuß dabei herausschauen,** »eine Hinterlist, eine Bosheit sichtbar werden«. Wieder soll natürlich der Teufel im Spiele sein, denn er hat angeblich einen Pferdefuß, aber wiederum wird der Teufel vorsichtshalber nicht beim Namen genannt.

Ein anderer Stammtischbericht gibt vielleicht die Information preis, dass eine bestimmte Person nunmehr **Tüten klebt;** diese Person »sitzt im Gefängnis«. Aber wer möchte schon zu erkennen geben, dass er Leute kennt, die im Gefängnis sitzen. Die Redewendung hat ihren Ursprung darin, dass Tüten kleben in der Tat eine typische Gefängnisbeschäftigung war, bei der sich Gefangene ein paar Groschen verdienen konnten.

Sicherlich ist zwischendurch einer der Stammtischler mal begriffsstutzig, dann braucht es Zeit, bis bei ihm **der Groschen fällt,** bis er »versteht«. Die Redewendung spielt an auf Waren- und Spielautomaten, die mit einer Münze in Gang gesetzt werden. Dabei stand »Groschen« im Volksmund für ein Zehnpfennigstück – in Anlehnung an eine alte deutsche Münze.

Die Runde erfährt, dass ein früherer Stammtischbruder **den Löffel abgegeben** hat – »gestorben ist«. Der Löffel war früher meist das einzige Essgerät, das einfache Leute besaßen. Gabeln gab es nur bei vornehmen, vermögenden Familien und Messer gab es nur in der Küche, um Fleisch, Brot, Gemüse etc. zu schneiden.

Nicht jeden am Tisch befällt Mitgefühl bei der soeben übermittelten Todesnachricht und einer versteigt sich sogar zu der Aussage, dass ihm der Tod des früheren Kollegen **schnuppe** sei – er ist ihm »gleichgültig«. Schnuppe geht zurück auf das verkohlte Ende eines Kerzendochtes, das ja ebenfalls ganz ohne Wert ist.

Jemand wechselt das Thema und beschwert sich, er sei **hinters Licht geführt,** »getäuscht« worden. Diese Redewendung muss man sich bildlich vorstellen: Es ist dunkel, aber es gibt eine Lampe, die Licht spendet. Wenn man aber jemanden hinter die Lampe führt, dorthin, wo der Lichtkegel nicht hinkommt, dann kann er dort kaum etwas erkennen, dann ist er »hinters Licht geführt«.

Die Herren Stammtischler stellen irgendwann fest, dass sie nicht **bis in die Puppen,** »bis in die Nacht hinein« bleiben können, sondern nach Hause müssen. »Bis in die Puppen« kommt aus Berlin. Im 18. Jahrhundert gab es dort einen als »Großer Stern« bezeichneten Platz, der mit Statuen aus der antiken Mythologie dekoriert war. Diese Statuen hießen im Volksmund »Puppen«. Der lange Spaziergang vom Berliner Stadtkern bis zu diesem Platz galt als Spaziergang »bis in die Puppen«. Irgendwann wurde die Redewendung etwas gedreht – von der räumlichen in die zeitliche Dimension, von der Bedeutung »sehr weiter Weg« hin zu »sehr lange Dauer«.

Der gleichzeitige Blick auf die Uhr produziert bei einer größeren Gruppe erfahrungsgemäß sehr unterschiedliche Ergebnisse. Und manche Uhrenbesitzer müssen sich dann vielleicht den Kommentar gefallen lassen, dass ihre Uhr **nach dem Pfandhaus geht.** Die Redewendung stellt auf die Situation ab, in der jemand seine Uhr aus dem Pfandhaus zurückerhält. Natürlich ist die Uhr im Pfandhaus nicht aufgezogen worden und folglich ist sie stehen geblieben, zeigt also irgendeine Zeit an – sie geht nicht einmal falsch, sie steht vielmehr.

Bei einigen Zechern hat die Verständigung über die Uhrzeit vielleicht auch die Befürchtung ausgelöst, am nächsten Tag **einen Kater zu haben,** »einen Katzenjammer«. Bei dem hier angesprochenen Kater handelt es sich natürlich um die bekannten Krankheits-Symptome; der Volksmund hat aus dem Wort »Katarrh« mit wenig Anstrengung einen »Kater« gemacht.

Die Herren beschließen also den Aufbruch, um sich auf **Schusters Rappen** nach Hause zu bewegen, denn führen sie noch mit dem Auto, könnte die Polizei sie **am Schlafittchen fassen** und würde dann wohl **Schindluder mit ihnen treiben.** »Schusters Rappen« sind natürlich die Schuhe – als das Pferd der armen Leute -, auf denen sich die Herren nach Hause bemühen. – »Am Schlafittchen fassen« hätte bedeutet, dass die Polizei die Herren »gefasst und zur Rechenschaft gezogen« hätte. Das »Schlafittchen« meint eigentlich die »Schlagfittiche« eines Vogels, die Flügel. Auf Menschen übertragen heißt es, dass man jemanden an seinen Rockschößen festhält, die ja auch flattern, wenn er davoneilt. – Da die Herren deutlich zu viel getrunken haben, um noch Auto fahren zu können, hätte die Polizei sie »grob behandelt«, sie hätte »Schindluder mit ihnen getrieben«. Ein »Schindluder« ist ein totes Tier, das zum Abdecker, dem Schinder, gebracht wird, der es verwertet – ein kräftiges Bild also, das der Redewendung zugrunde liegt.

Die Herren Stammtischler befinden sich also auf dem Heimweg, aber es regnet, »es regnet sogar heftig«. Einer drückt es mit den Worten **es regnet Schusterjungen** aus. Schusterjungen sind in Berlin ein Salzgebäck; offenbar drängte sich der Vergleich mit großen Regentropfen auf. Hoffentlich sind die Herren Stammtischler trotz dieser widrigen Umstände gut nach Hause gekommen.

11. Übersetzungen von Redewendungen und Übernahmen aus fremden Sprachen

Latein

Es gibt verschiedene Varianten, wie lateinische Redewendungen ins Deutsche übernommen wurden: Einige wurden unübersetzt übernommen, andere wurden übersetzt und wieder andere wurden auf Deutsch formuliert – unter Verwendung lateinischer Wörter. – Einige weitere wurden weiter oben schon in anderem Zusammenhang vorgestellt.

Ad calendas graecas ist eine unter Lateinern gern gebrauchte Redewendung, die schlicht »niemals« bedeutet; ihre Formulierung ist aber eher sophistisch. Denn sie besagt wörtlich übersetzt »an den griechischen Kalenden«. Als »Kalenden« bezeichnete man in der römischen Zeitrechnung den ersten Tag eines Monats, der auch der Zahltag für fällige Schulden war. Die griechische Zeitrechnung kannte dagegen keine Kalenden. Von einem säumigen Schuldner sagte man deshalb im alten Rom ironisch, er werde wohl »an den griechischen Kalenden«, also niemals zahlen.

In Büchern aus dem 19. Jahrhundert findet man auf der Titelseite und als Anmerkung zum Titel gelegentlich die Formulierung » für die Jugend (geeignet)« – und genau das ist die Bedeutung der neulateinischen Redewendung

ad usum Delphini. Wörtlich übersetzt bedeutet sie »zum Gebrauch des Dauphins«. Hintergrund dieser Redewendung ist, dass die für die Unterrichtung des französischen Thronfolgers bestimmten Texte antiker Klassiker am französischen Hof im 17. und 18. Jahrhundert zensiert wurden. Moralisch und politisch fragwürdige Passagen wurden einfach herausgestrichen. Die »zum Gebrauch des Dauphins« freigegebenen Texte waren sozusagen »jugendfrei«; um dies aber eher unauffällig zu sagen, greift man auch heute noch gerne auf die lateinische Formulierung zurück.

Geld stinkt nicht, so sagt man in deutscher Übersetzung der alten lateinischen Redewendung »pecunia non olet«. Diese soll auf den römischen Kaiser Vespasian zurückgehen, der von seinem Sohn gerügt worden war, weil er eine Gebühr für die Benutzung der römischen Bedürfnisanstalten eingeführt hatte. Der Kaiser soll daraufhin seinem Sohn eine Münze unter die Nase gehalten und diesen gefragt haben, ob sie streng rieche. Aus diesem Grunde heißen auch heute noch die öffentlichen Bedürfnisanstalten in Frankreich »vespasiennes«. – Dass die Redewendung im europäischen Kulturraum bis auf den heutigen Tag immer wieder verwandt wird, hat seinen Grund darin, dass sie unsere Geschäftsgepflogenheiten in Europa treffend beschreibt. Im Gegensatz zu Japan z. B., wo Geschäftspartner nur Handel miteinander treiben, wenn sie einander kennen (bei großen Geschäften zuvor zusammen zu Abend essen und vielleicht gemeinsam ins Geisha-Haus gehen), kann und konnte man in Europa immer mit jedem, und somit auch mit

Fremden Handel treiben – und die Begründung war »pecunia non olet«.

»Sie wollen mir **ein X für ein U machen**«, so sagt man, wenn man ausdrücken will, dass jemand »zu betrügen versucht«. Hintergrund dieser Redewendung sind die römischen Zahlen, die ja ausnahmslos aus Buchstaben bestehen. Dabei steht das X für die Zahl 10, das V für die Zahl 5. Da der Buchstabe V und damit auch die Zahl V im lateinischen als »U« gesprochen wird, erklärt sich die Redewendung insoweit. Die Bedeutung der Redewendung wird einem aber erst klar, wenn man sich vorstellt, dass ein betrügerischer Gastwirt, der auf einer Kreidetafel vermerkt hat, dass ein Gast 5 Glas Bier getrunken hat, nun versucht, durch Verlängerung der Kreidestriche aus einem V ein X zu machen.

Aus dem Lateinischen übersetzt wurde die Wendung **die Würfel sind gefallen**; sie geht auf Julius Caesar (vgl. S. 52 f.) zurück, der mit diesen Worten den Rubikon überschritt und einen Krieg begann. Nebenbei, im Lateinischen ist von *einem* Würfel die Rede.

Eine wörtliche Übersetzung aus dem Lateinischen ist dagegen **ein seltener Vogel** (rara avis), womit allerdings nicht die wörtliche Bedeutung ausgedrückt wird, sondern eher, dass jemand »ein schräger Vogel«, »ein seltsamer Mensch« ist. Bei den Römern war »rara avis« die präzise und neutrale Bezeichnung eines seltenen Vogels in Wissenschaft und Literatur.

Sonstige Sprachen

Eine ganze Reihe von Redewendungen wurde aus anderen Sprachen übernommen. Dabei war die Logik dafür, dass sie ins Deutsche übernommen wurden, sehr unterschiedlich.

Hals- und Beinbruch wünscht man demjenigen, der sich zu einem riskanten Vorhaben aufmacht; das klingt zunächst einmal unlogisch, denn die Wünsche klingen ja eher sarkastisch. Das scheint aber nur so; in Wirklichkeit handelt es sich um die volksetymologische Umdeutung des jiddischen und ursprünglich hebräischen Segensspruchs »hazloche u broche«, womit »Erfolg und Segen« gewünscht werden. Die Logik der Übernahme dieser Redewendung ins Deutsche dürfte also in dem scheinbaren Sarkasmus zu finden sein.

Ähnlich dürfte es sich mit dem flotten Silvesterwunsch verhalten, bei dem man sich **einen guten Rutsch** wünscht. Angesichts zu erwartender Kälte, Schnee und Glatteis macht ein solcher Wunsch an Silvester durchaus Sinn. Auch hier war jedoch die Volksetymologie am Werk. Die Redewendung kommt aus dem Jiddischen, wo man sich einen guten »rosch« zum Neuen Jahr wünscht, und »rosch« bedeutet »Anfang«.

Jiddischen Ursprungs ist auch die beliebte Redewendung **es zieht wie Hechtsuppe**; sie geht zurück auf »hech supha« (starker Wind), wobei die Volksetymologie ein wenig »mit der Feile« nachgeholfen hat.

Die Klangähnlichkeit von Wörtern begründet auch die Logik der Redewendung **der dicke Onkel** für den großen Zeh. Klangähnlich ist nämlich das französische Wort »ongle« (Zehennagel), und daraus hat die Volksetymologie flugs »Onkel« gemacht. Der Unterhaltungswert war wohl der Vater der Verwechslung.

Gleiches gilt für die Redewendung **ein Fass aufmachen**, »ausgelassen feiern«. Auch hier sieht man das Bild eines Bier- oder Weinfasses so deutlich vor Augen, dass man sich nicht vorstellen kann, dass der Ursprung der Redewendung ein ganz anderer ist. Es ist wohl ursprünglich die Übersetzung der englischen Redewendung »to make fuss of somebody/about something« in der Bedeutung »Wirbel um jemanden oder etwas machen«. Aber die Formulierung *auf*machen nimmt Bezug auf das Fass – wieder ein Beitrag der Volksetymologie.

Bei einigen Redewendungen wurde ein markantes Fremdwort ins Deutsche übernommen, wahrscheinlich, weil das Wort sehr klar und kräftig klingt. Zuweilen **machen wir Furore,** »erregen wir großes Aufsehen«. Zugrunde liegt hier eine italienische Redewendung »far furore« – mit anderer Bedeutung, nämlich »Begeisterung auslösen«.

Kräftig klingt auch **mit Karacho**, womit man gerne ausdrückt, dass man »rasant und schnell« mit einem Fahrzeug fährt. Auch das ist Volksetymologie, denn die Redewendung wurde aus dem Spanischen übernommen. Dort bedeutet sie aber sinngemäß »zum Donnerwetter«, was man sich auch als Kommentar zu einem unverschämt rasant und schnell fahrenden Autofahrer vorstellen kann. Bei Anwendung der deutschen Redewendung außerhalb Deutschlands sollte man wissen, dass »Donnerwetter« nicht die ursprüngliche Bedeutung von Karacho bzw. »carajo« ist. Ursprünglich ist es nämlich ein derbes Synonym für das männliche Geschlechtsteil.

Seit Olims Zeiten sagt man, wenn man »seit sehr langer Zeit« sagen will. Und manch einer meint, Olim sei ein Name wie Odysseus, Odin oder Goethe. Aber weit gefehlt: »Olim« ist Lateinisch und bedeutet »ehemals«.

Warum sollte man sagen, dass man auf jemanden zornig ist, wenn man – viel kräftiger – sagen kann, dass man **einen Rochus auf ihn** hat. Rochus ist das jiddische Wort für Zorn. Aber weil das nicht jeder weiß und weil das Wort zwei Silben hat, klingt es kräftiger. So hat man denn lieber einen Rochus auf jemanden als nur schlicht »einen Zorn«.

Auf Wolke sieben sein heißt »überglücklich sein«. Die Redewendung gilt zuweilen als die Übersetzung einer entsprechenden englischen (»be on cloud seven«). Dazu ist aber anzumerken, dass man in der angelsächsischen Welt in der Regel nicht auf »cloud seven«, sondern auf »cloud nine« zu schweben pflegt. Dieser feine Unterschied geht auf die Wolkenlehre des englischen Apothekers Luke Howard zurück, der als der Vater der modernen Meteorologie gilt. Im Jahre 1803 hat er eine Kategorisierung der Wolkentypen vorgenommen und den einzelnen Typen von Wolken Namen gegeben, die – außerhalb der Meteorologie – heute noch gelten. Der »International Cloud Atlas« von 1896 erweiterte Howards Typisierung und unterschied 10 Grundtypen; und der Typ darunter, der einem Schlummerkissen am meisten ähnelte, war die »Cumulusnimbuswolke« mit der Nummer neun. Bei Übernahme der englischen Redewendung ist also aus Wolke neun eine Wolke sieben geworden. Das hängt wohl damit zusammen, dass die Bedeutung der Redewendung identisch ist mit der der Redewendung »im siebten Himmel sein«, die ja auch »überglücklich sein« bedeutet. Sie ist biblischen Ursprungs (vgl. z. B. 2. Korinther 12, 2) und nimmt darauf Bezug, dass der Himmel als aus sieben übereinander liegenden Sphären gedacht wird. In sehr frühen Schriften wird der siebte Himmel als der höchste bezeichnet, der Himmel, in dem Gott selbst mit den Engeln wohnt.[10]

Thesaurus der erwähnten sprachwissenschaftlichen Begriffe

- Etymologie: die Wissenschaft von der Herkunft und Geschichte von Wörtern
- Euphemismus: eine beschönigende Bezeichnung für ein anstößiges oder unangenehmes Wort
- Metapher: eine Bedeutungsübertragung, bei der ein Wort aus seinem ursprünglichen Bedeutungszusammenhang in einen anderen übertragen wird (zum Beispiel »Seepferdchen« oder »Paternoster«)
- Pars pro toto: die Ersetzung eines Gesamtbegriffs durch einen Teilbegriff in einer Formulierung (zum Beispiel »Rothaut« statt Indianer, die »Krone« statt der Staat)
- Pleonasmus: die Verwendung sinngleicher Ausdrücke in einem Wort (zum Beispiel »Weichselkirsche«) oder einer Wortkombination (zum Beispiel »weisser Schimmel«)
- Verballhornung: die Verschlimmerung einer Formulierung durch vermeintliche oder vorgebliche Verbesserung
- Volksetymologie: die naive Verdeutlichung eines unbekannten Wortes, zum Beispiel eines Fremdworts, durch dessen Anlehnung an bekannte klangähnliche Wörter (z.B. »Mäuseturm« statt Mautturm oder »Hängematte« statt haitianisch »hamaka«)

Literaturverzeichnis

- Braun, Hans-Gert, Wenn die Wörter wandern. Eine unterhaltsame Geschichte von Begriffen und ihr Weg ins Deutsche, Hohenheim Verlag, Stuttgart-Leipzig 2003
- Duden. Redewendungen, Wörterbuch der deutschen Idiomatik, 2., neu bearbeitete und aktualisierte Auflage, hrsg. von der Dudenredaktion, Duden Band 11, Dudenverlag, Mannheim-Leipzig-Wien-Zürich 2002
- Duden. Fremdwörterbuch, 7. neu bearbeitete und erweiterte Auflage, hrsg. von der Dudenredaktion, Duden Band 5, Dudenverlag, Mannheim-Leipzig-Wien-Zürich 2001
- Duden. Etymologie – Herkunftswörterbuch der deutschen Sprache, bearbeitet von Günther Drosdowski, überarbeiteter Nachdruck der 2. Aufl., Duden Band 7, Dudenverlag Mannheim-Leipzig-Wien-Zürich 1997
- Hessky, Regina/Stefan Ettinger, Deutsche Redewendungen. Ein Wörter- und Übungsbuch für Fortgeschrittene, Gunter Narr Verlag, Tübingen 1997
- Kluge, Friedrich, Etymologisches Wörterbuch der deutschen Sprache, 22. Auflage, völlig neu bearbeitet von Elmar Seebold u. a., Walter de Gruyter, Berlin-New York 1989
- Krüger-Lorenzen, Kurt, Das geht auf keine Kuhhaut. Deutsche Redensarten – und was dahinter steckt, Econ-Verlag, Düsseldorf 1960 (bzw. diverse Neuauflagen)

- Osten, Alexander, Das große Buch der Redewendungen. Ein fundiertes Nachschlagewerk für jedermann, Tosa Verlag, Wien 1997
- Raab, Heinrich, Deutsche Redewendungen. Von Abblitzen bis Zügel schießen lassen, VMA-Verlag, Wiesbaden o. J.
- Schlüter, Christiane, Da liegt der Hase im Pfeffer. Redewendungen und ihre Herkunft, Gondrom Verlag, Bindlach 2005
- Schön, Marion, Deutsch. Sprichwörter und Redewendungen, Compact Wörterbuch, Compact Verlag, München 1995
- Wikipedia – Die freie Enzyklopädie, http://de.wikipedia.org

Register

	Seite
Das **A** und das **O**	99
Ab durch die Mitte	95
Jemanden **abblitzen** lassen	36
Jemandem eine **Abfuhr erteilen**	43
Eine **abgekartete** Sache	58
Jemandem etwas **abknöpfen**	48
Auf der **Abschussliste** stehen	35
Bis zum **Abwinken**	136
Jemanden zur **Ader lassen**	104
Advocatus diaboli	34
Ägyptische Finsternis	87
Seinem **Affen** Zucker geben	26
Sich aufs **Altenteil** zurückziehen	19
Den **Amtsschimmel** reiten	56
Wie **angegossen** sitzen	108
Jemandem etwas **anhängen**	65
Jemanden in den **April** schicken	51
Ein **Armutszeugnis** ausstellen	59
Die »**Arschkarte**« ziehen	139
Aus der **Art** geschlagen	48
Einen **Ast** lachen	143
Aufgedonnert sein	144
Viel **Aufhebens** machen	42
Etwas **ausbaden** müssen	15
Ein **Ausbund** von etwas sein	145
Babylonische Sprachverwirrung	86
Das Kind mit dem **Bade** ausschütten	15
Jemandem einen **Bärendienst** erweisen	80

Bäumchen wechsle dich   142

Auf die lange **Bank** schieben   59

Durch die **Bank**   48

Wissen, wo **Barthel** den Most holt   44

In **Bausch** und Bogen   60

Ein **Begräbnis** erster Klasse   53

Hals- und **Beinbruch**   152

Mit etwas hinter dem **Berg** halten   74

Der **Berg** kreißte und gebar eine Maus   84

Berge versetzen können   92

Einen hinter die **Binde** gießen   143

In die **Binsen** gehen   40

Kein **Blatt** vor den Mund nehmen   94

Blauer Brief   57

Blauer Montag / blau machen   116

Blauer Planet   100

Blaues Blut haben   27

Sich eine **Blöße** geben   137

Jemanden ins **Bockshorn** jagen   119

Am **Boden** zerstört sein   76

Ein **böhmisches** Dorf sein   50

Jemanden **brandmarken**   66

Ein **Brett** vor dem Kopf haben   128

Jemandem **Brief** und Siegel auf etwas geben   58

Jemandem eine goldene **Brücke** bauen   76

Einen zur **Brust** nehmen   42

Ein **Buch** mit sieben Siegeln   92

Die **Büchse** der Pandora   55

Auf den **Busch** klopfen   35

Ad **calendas** graecas   149

Ein Gang nach **Canossa**   52

*Einen **Charlottenburger** machen*   23

*Etwas unter **Dach** und Fach bringen*   123

*Jemandem aufs **Dach** steigen*   18

*Die **Daumenschrauben** anlegen*   63

*Ei, der **Daus***   140

*Wieder auf **Deck** sein*   133

*Ad usum **Delphini***   150

*Keinen **Deut***   77

***Dreck** am Stecken haben*   12

*Den **Drehwurm** haben*   105

*Am **Drücker** sein*   37

*Das **Ei** des Kolumbus*   55

*Ans **Eingemachte** gehen*   13

*Zwei **Eisen** im Feuer haben*   125

*Höchste **Eisenbahn***   96

*Der **eiserne** Vorhang*   95

*Ein Gedächtnis wie ein **Elefant** haben*   101

*Mit gleicher **Elle** messen*   112

*Eine diebische **Elster***   103

*Du ahnungsloser **Engel***   83

*Mit **Engelszungen** reden*   92

*Hässliches **Entlein***   79

***Eulen** nach Athen tragen*   77

*Der rote **Faden***   83

*Am seidenen **Faden** hängen*   82

*Die **Fäden** ziehen*   95

*Die **Fahne** hochhalten*   74

***Farbe** bekennen*   139

*Eine **Fahrkarte** schießen*   41

*Ein **Fass** aufmachen*   153

*Das schlägt dem **Fass** den Boden aus*   120

Er hat es **faustdick** hinter den Ohren 106

Nicht viel **Federlesens** machen 12

Sich mit fremden **Federn** schmücken 80

Federn lassen 39

Jemandem den **Fehdehandschuh** hinwerfen 30

Das **Fell** versaufen 113

Jemandem schwimmen die **Felle** davon 122

Fersengeld geben 61

Ins **Fettnäpfchen** treten 13

Die **Feuerprobe** bestehen 122

Weder **Fisch** noch Fleisch 33

Jemanden unter seine **Fittiche** nehmen 102

Die **Flagge**/Segel streichen 134

Die **Flinte** ins Korn werfen 75

Jemandem die **Folterwerkzeuge** zeigen 63

Einen **Frosch** im Hals haben 106

Jemanden unter der **Fuchtel** haben 68

Kalte **Füße** bekommen 85

Immer auf die **Füße** fallen 102

Auf tönernen **Füßen** stehen 89

Ne **Fuffzehn** machen 114

Furore machen 153

Jemanden auf freien **Fuß** setzen 67

Stehenden **Fußes** 67

Jemandem läuft die **Galle** über 107

Eine **Gardinenpredigt** halten 17

Einem geschenkten **Gaul** schaut man nicht ins Maul 113

Jemandem sträubt sich das **Gefieder** 102

Die erste **Geige** spielen 93

Jemandem hängt der Himmel voller **Geigen** 102

Den **Geist** aufgeben 89

Der **Geist** *ist willig, aber das Fleisch ist schwach*   91

Die **Geister**, *die ich rief*   84

Wes **Geistes** *Kind jemand ist*   91

Geld *stinkt nicht*   150

Wie ein **geprellter** *Frosch*   26

Sich wie **gerädert** *fühlen*   66

Getrennt *marschieren, vereint schlagen*   74

Einer Sache **Glanzlichter** *aufsetzen*   94

Etwas an die große **Glocke** *hängen*   21

Den **Gnadenstoß** *geben/erhalten*   67

Das **Goldene** *Kalb anbeten*   88

Wie **Graf Koks**   144

Ins **Gras** *beißen*   76

Das **Gras** *wachsen hören*   85

Der **Groschen** *fällt*   146

Wer andern eine **Grube** *gräbt, fällt selbst hinein*   89

Grüne *Minna*   45

Am **grünen** *Tisch*   57

Ein Schlag unter die **Gürtellinie**   138

Aus einem **Guss**   125

Jenseits von **gut** *und böse sein*   85

An einem **Haar** *hängen*   82

Jemandem stehen die **Haare** *zu Berge*   88

Hackfleisch *aus jemandem machen*   119

Jemandem sind die **Hände** *gebunden*   47

Mit **Hängen** *und Würgen*   63

Jemanden sticht der **Hafer**   132

Da stehe ich nun mit meinem gewaschenen **Hals**   16

Einen dicken **Hals** *bekommen*   106

Um wieder auf besagten **Hammel** *zu kommen*   81

Jemanden an den **Hammelbeinen** *kriegen*   131

Hand und *Fuß haben*   29
Hand aufs *Herz!*   62
Seine **Hand** *für jemanden ins Feuer legen*   64
Eine **Hand** *wäscht die andere*   98
Das **Handtuch** *werfen*   138
Jemandem das **Handwerk** *legen*   114
Jemandem ins **Handwerk** *pfuschen*   114
Hannemann, *geh du voran*   96
Jemandem zeigen, was eine **Harke** *ist*   97
Mein Name ist **Hase**, *ich weiß von nichts*   54
Die reinste **Hasenjagd**   38
Das **Hasenpanier** *ergreifen*   38
Nicht **hasenrein** *sein*   38
Jemanden unter die **Haube** *bringen*   17
Sein greises **Haupt** *schütteln*   82
Jemanden durch die **Hechel** *ziehen/durchhecheln*   116
Es zieht wie **Hechtsuppe**   152
Das **Heft** *ergreifen/in die Hand nehmen*   74
Wie der **Herr**, *so 's Gescherr*   81
Oh **Herr**, *er will mich fressen*   90
Wie **heruntergerissen**   109
Das **Herz** *ausschütten*   88
Heulen *wie ein Schlosshund*   20
In der **Hinterhand** *sein*   140
Auf dem **Holzweg** *sein*   129
An jemandem ist **Hopfen** *und Malz verloren*   119
Ausgehen wie das **Hornberger** *Schießen*   96
Auf den **Hund** *gekommen*   19
Am **Hungertuch** *nagen*   32
Jemandem etwas **husten**   22
Jacke *wie Hose*   117

*Vor **Jahr** und Tag*   59

*Der billige **Jakob***   111

*Jemanden durch den **Kakao** ziehen*   143

*Alte **Kamellen***   82

*Etwas auf die hohe **Kante** legen*   78

*Mit **Karacho***   153

*Jemanden vor den **Karren** spannen*   23

*Sein **Kartoffelwasser** abgießen*   143

*Ab nach **Kassel***   72

*Für jemanden die **Kastanien** aus dem Feuer holen*   80

*Einen **Kater** haben*   147

*Der **Katze** die Schelle umhängen*   81

***Katzenwäsche** machen*   102

*Mit Kind und **Kegel***   18

*Etwas auf dem **Kerbholz** haben*   112

*Jemanden auf dem **Kieker** haben*   134

*Mit dem **Klammerbeutel** gepudert sein*   117

*Sich einen **Klotz** ans Bein binden*   126

***Knall** auf Fall*   38

*Etwas übers **Knie** brechen*   21

*Den (gordischen) **Knoten** durchhauen*   55

***Kohldampf** schieben*   44

*Die fünfte **Kolonne***   53

*Sich um **Kopf** und Kragen bringen*   66

*Jemandes **Kopf** fordern*   66

*Den **Kopf** in den Sand stecken*   104

*Jemandem raucht der **Kopf***   107

*Sich einen **Korb** holen*   17

***Kotzen** wie ein Reiher*   104

*Einen **Kratzfuß** machen*   47

***Kreide** fressen*   79

*Bei jemandem in der **Kreide** stehen*   112

*Weiß der **Kuckuck***   145

***Kürzer** treten*   71

*Den **Kürzeren** ziehen*   64

*Und wer **küsst** mich?*   79

*Die **Kuh** vom Eis holen*   126

*Das geht auf keine **Kuhhaut***   19

*Etwas **läuten** hören*   21

*Ein blutiger **Laie** sein*   144

*Jemandem durch die **Lappen** gehen*   40

*Wie ein **Lauffeuer***   109

*Jemandem den **Laufpass** geben*   72

*Jemandem ist eine **Laus** über die Leber gelaufen*   105

*Jemandem auf den **Leim** gehen*   22

*Alles über einen **Leisten** schlagen*   121

*Jemandem die **Leviten** lesen*   33

*Jemanden hinters **Licht** führen*   146

*Sein **Licht** nicht unter den Scheffel stellen*   90

*Für ein **Linsengericht***   86

*Aus dem letzten **Loch** pfeifen*   93

*Den **Löffel** abgeben*   146

*Die **Löffel** spitzen*   37

*Über den **Löffel** barbieren*   115

***Lorbeeren** ernten*   136

*Wieder ins rechte **Lot** bringen*   124

***Lunte** riechen*   36

*Dass dich das **Mäuslein** beiß´*   107

***Matrosen** am Mast haben*   133

***Matthäi** am Letzten*   91

*Die **Maulsperre** haben*   107

*Da beißt die **Maus** keinen Faden ab*   117

*Sich **mausig** machen* 103

*Das ist die halbe **Miete*** 140

*Jemanden zur **Minna** machen* 18

***Montezumas** Rache* 51

*Die **Motten** haben* 107

*Selbst die kleinste **Mücke** hat ihren Spleen* 101

*Jemandem auf den **Nägeln** brennen* 63

*Den **Nagel** auf den Kopf treffen* 41

*Die **Nagelprobe** machen* 26

*Jemanden an der **Nase** herumführen* 25

***Null**-acht-fünfzehn* 73

*Wieder **Oberwasser** bekommen* 118

*Sich etwas hinter die **Ohren** schreiben* 61

*Noch nicht trocken hinter den **Ohren** sein* 106

*Seit **Olims** Zeiten* 154

*Der dicke **Onkel*** 153

*Unter den **Pantoffel** kommen* 17

*Keinen **Pappenstiel** wert sein* 144

*Jemandem **Paroli** bieten* 141

*Nach dem **Pfandhaus** gehen* 147

*Etwas auf der **Pfanne** haben* 36

*Einen **Pferdefuß** haben* 145

*Geschmückt wie ein **Pfingstochse*** 128

*Von der **Pike** auf dienen/lernen* 73

*Die **Platte** putzen* 46

***Possen** reißen* 109

*Kurzen **Prozess** machen* 69

*In **puncto** puncti* 33

*Der springende **Punkt*** 102

*Ein toter **Punkt*** 110

*Bis in die **Puppen*** 147

*Auf dem **Quivive** sein*   51

*Ein **Rabenvater** sein*   103

*Den **Rahm** abschöpfen*   127

*Außer **Rand** und Band sein*   120

***Rede** und Antwort stehen*   61

*Jemanden zur **Rede** stellen*   63

*Alle **Register** ziehen*   93

*Ein totes **Rennen***   136

*Nach Adam **Riese***   98

*Ein **Ritt** über den Bodensee*   85

*Einen **Rochus** auf jemanden haben*   154

*Von der **Rolle** kommen*   137

*Den **Rubikon** überschreiten*   52

*Am **Ruder** sein*   133

*Etwas über die **Runden** bringen*   138

*Einen guten **Rutsch***   152

*Etwas im **Salz** liegen haben*   14

*Jemandem **Sand** in die Augen streuen*   138

*Mit **Sang** und Klang*   32

*Unter aller **Sau***   24

*Sein **Schäfchen** ins Trockene bringen*   130

*Das schwarze **Schaf***   130

*Die **Schafe** von den Böcken scheiden*   130

*Sich in **Schale** schmeißen*   44

*Eine **Scharte** auswetzen*   127

*Nach **Schema** F*   72

*Aufpassen wie ein **Schießhund***   37

*Jemanden auf den **Schild** heben*   31

*Etwas im **Schilde** führen*   49

*Mit jemandem **Schindluder** treiben*   148

*Jemanden beim **Schlafittchen** kriegen*   148

Armer **Schlucker** 54

Aus dem **Schneider** *sein* 140

Wie am **Schnürchen** 32

Jemandem **schnuppe** *sein* 146

Umgekehrt wird ein **Schuh** *draus* 121

Jemandem etwas in die **Schuhe** *schieben* 23

Etwas auf die leichte **Schulter** *nehmen* 113

Jemandem einen **Schuss** *vor den Bug geben* 75

Keinen **Schuss** *Pulver wert sein* 70

Es regnet **Schusterjungen** 148

Auf **Schusters** *Rappen* 148

Alter **Schwede** 52

Schwedische *Gardinen* 46

Schwein *haben* 141

Jemandem zur **Seite** *treten/springen* 62

Ein **seltener** *Vogel* 151

Jemanden in den **Senkel** *stellen* 124

Sieben *fette Jahre* 87

In den **Sielen** *sterben* 129

Spanisch *vorkommen* 50

Spanische *Grippe* 108

In die **Speichen** *greifen* 129

Spießruten *laufen* 69

Jemandem **spinnefeind** *sein* 101

Sich seine **Sporen** *verdienen* 29

Etwas **springen** *lassen* 26

Über jemanden den **Stab** *brechen* 65

Jemandem eine **Standpauke** *halten* 42

Jemandem die **Stange** *halten* 31

Eine schöne **Stange** *Geld* 78

Aus dem **Stegreif** 30

Bei jemandem einen **Stein** im Brett haben 141

Stempeln gehen 57

Über die **Stränge** schlagen 132

Einen **Straußenmagen** haben 103

Jemanden zur **Strecke** bringen 39

Nach **Strich** und Faden 117

Jemandem einen **Strick** aus etwas drehen 65

Wenn alle Stränge/**Stricke** reißen 128

Etwas aufs **Tapet** bringen 57

Von **Tisch** und Bett getrennt sein 61

Starker **Tobak** sein 97

Tobias sechs, Vers drei 90

Tuchfühlung halten 71

Tüten kleben 145

Ungeschoren davonkommen 131

In der **Versenkung** verschwinden 95

Das akademische **Viertel** 99

Mit offenem **Visier** kämpfen 75

Den **Vogel** abschießen 40

Einen **Vogel** haben 22

Jemandem den **Vogel** zeigen 22

In die **Vollen** gehen 138

Eine **Volte** schlagen 140

Etwas auf **Vordermann** bringen 70

Kein **Wässerchen** trüben können 80

Jemanden an die **Wand** stellen 70

Jemandem nicht das **Wasser** reichen können 29

Mit allen **Wassern** gewaschen 135

Reinsten **Wassers** 123

Wasserträger sein 137

Sein **Waterloo** erleben 75

*Junger **Wein** in alten Schläuchen* 91

*Der **Weisheit** letzter Schluss* 84

*Ein falscher **Wilhelm*** 68

*Jemandem den **Wind** aus den Segeln nehmen* 134

*Von etwas **Wind** bekommen* 37

*Gegen **Windmühlen** kämpfen* 84

*Jemanden durch den **Wolf** drehen* 119

*Auf **Wolke** 7 sein* 154

*In der **Wolle** gefärbt* 116

*Die **Würfel** sind gefallen* 151

*Jemandem die **Würmer** einzeln aus der Nase ziehen* 105

*Jemanden in die **Wüste** schicken* 88

***Wurst** wider Wurst* 14

*Es geht um die **Wurst*** 25

*Ein **X** für ein U machen* 151

*Jemandem bricht ein **Zacken** aus der Krone* 28

*Einen **Zahn** zulegen* 110

*Jemanden im **Zaum**(e) halten* 132

*Seines **Zeichens*** 13

*Das **Zeitliche** segnen* 19

***Zeter** und Mordio schreien* 24

*Jemandem am **Zeug** flicken* 23

*Was das **Zeug** hält* 128

*Sich ins **Zeug** legen* 128

*Über das **Ziel** hinausschießen* 75

***Zielwasser** trinken* 35

*Jemandem eine **Zigarre** verpassen* 69

***Zittern** wie Espenlaub* 100

*Wie **Zunder** brennen* 100

*Auf keinen grünen **Zweig** kommen* 60

*In der **Zwickmühle** stecken* 141

Endnoten

1 Vgl. Osten, Alexander, Das große Buch der Redewendungen, a.a.O. S. 236

2 Vgl. Wilfried Rogasch, Adel, Köln 2004

3 Manfred Becker-Huberti, Artikel „Solange der ‚Schmachtlappen' hing, dauerte die Fastenzeit", http://www.religioeses-brauchtum.de/fruehjahr/print.taf?seite=fastenzeit_2.html

4 Ilona Grabitz, Rakawelen, schmonseln, schmusen. Ein Münsteraner Sprachforscher dokumentiert aussterbende Geheimsprachen des fahrenden Volkes, Financial Times Deutschland, Dezember 2001

5 Vgl. Duden Band 11, S. 294

6 Vgl. Christoph Mörgeli, „Verwüstung an unserer Volkskraft". Grippepandemie von 1918 – Behörden zuerst beschwichtigend, dann hilflos, Neue Zürcher Zeitung, 16. 11. 2005, S. 11

7 Vgl. Peter Alberts, Die Müllerei, Hemer-Sundwig 2003, S. 42 ff.

8 Ibido, S. 22 ff.

9 Vgl. Duden Band 1, a. a. O. S. 650

10 Vgl. Bill Bryson, Eine kurze Geschichte von fast allem, Taschenbuchausgabe, 1. Aufl. München 2005, S. 333